Der fröhliche Sisyphos

Für Wolfgang Schäuble

Herausgegeben von
Bruno Kahl
Markus Kerber
Nils Ole Oermann
Johannes Zachhuber

HERDER

FREIBURG · BASEL · WIEN

© Verlag Herder GmbH, Freiburg im Breisgau 2012
Alle Rechte vorbehalten
www.herder.de

Satz: Barbara Herrmann, Freiburg
Herstellung: fgb · freiburger graphische betriebe
www.fgb.de

Printed in Germany

ISBN 978-3-451-30663-1

Inhalt

Der fröhliche Sisyphos
Vorwort der Herausgeber

Festschriften sind eine sehr deutsche Angelegenheit und folgen ungeschriebenen Konventionen. Darum übersetzt man das deutsche Wort *Festschrift* im englischsprachigen Raum ähnlich der *Weltanschauung,* dem *Zeitgeist* oder der *Schadenfreude* nicht – vermutlich darum, weil man derlei andernorts nicht kennt.

Festschriften gestalten sich meist voluminös und dienen neben der Würdigung des Jubilars oftmals dazu, der Intellektualität und Scharfsinnigkeit ihrer Verfasser im Umfeld des zu Würdigenden einen angemessenen Rahmen zu bieten. Dies ist auch der Grund dafür, warum mancher alle fünf Jahre eine neue Festschrift geschenkt bekommt.

Ein solches Format würde Wolfgang Schäuble zu seinem 70. Geburtstag in keiner Weise gerecht, weil der Jubilar alles andere als konventionell und selbst scharfsinnig genug ist. Auch »Beweihräucherungen« jeder Art sind dem Protestanten Schäuble fremd, wie sein ehemaliger Gemeindepfarrer Ditmar Gasse im Epilog schreibt. Die meisten der zu diesem Buch beitragenden Verfasser erleben den Menschen Wolfgang Schäuble als »sympathisch und unkompliziert« und damit anders, als dies medial zuweilen transportiert wird.

Sicher, als *homo politicus* schätzt er den kontroversen, zuweilen harten Austausch von Argumenten. Aber er bleibt sachlich und zeigt dabei einen Zug, der unter Politikern seltener ist als unter Gemeindepfarrern, so Pfarrer Gasse: Er zeige »das echte Bemühen, sich seinem Gegenüber ganz zuzuwenden, konzentriert zuzuhören und das Vermögen, bei unterschiedlichen Meinungen auch das Wahrheitsmoment in der Position des anderen zu erkennen.« Gleichzeitig ist der Politiker Wolfgang Schäuble urteilssicher und entscheidungsfreudig. Ohne ihn sähe der Einigungsvertrag womöglich anders aus, und Bonn wäre die deutsche Hauptstadt.

Es wäre nun ein »Ding der Unmöglichkeit«, in dieser Freundesgabe – so die Bundeskanzlerin – »all die Verdienste, die er für unser Land und Europa in unermüdlicher Arbeit als Kanzleramtsminister, als Innenminister – ein Amt, das er zweimal innehatte – als Oppositionsführer und heute als Finanzminister« für Deutschland und Europa erworben hat, *in toto* zu rekapitulieren. Vor allem aber wäre dies Wolfgang Schäuble sicher nicht recht. Er ist unkonventionell, intellektuell pointiert und als Jurist präzise und würde darum von einer Einleitung eine kurze, aber präzise Beantwortung der Frage erwarten:

»Wer will hier was von wem woraus?«

»Wer« sind hier mitnichten allein die Herausgeber oder der Freiburger Herder Verlag, dem Schäuble über Jahre verbunden ist. Die Idee zu einer Freundesgabe kam einer Gruppe von vier Menschen, die alle ein Jahrzehnt für ihn arbeiten, parteilos wie parteiisch, evangelisch wie katholisch, aus ganz unterschiedlichen Fakultäten und Zusammenhängen. Wer genau sind diese Leute, die hinter der Idee einer Freundesgabe für jemanden stehen, der keiner Beratung oder Küchenkabinette bedarf? Die Antwort gibt Marc Brost in seinem Schäuble-Portrait »Zucht und Zerbrechlichkeit« in der ZEIT (Nr. 19/2010):

»Die vier Männer, die an diesem Märzabend in ein Restaurant am Rande des Regierungsviertels gekommen sind, gehören zu Schäubles engsten Beratern. Sie arbeiten für ihn. Sie beschützen ihn. Sie stehen für ihn ein. Die vier sind keine Ratgeber im klassischen Sinne, so groß würden sie sich nie machen. Aber so, wie sie da sitzen und diskutieren, essen und trinken, spotten und lachen, hat ihre Runde etwas Musketierhaftes, Verschworenes. Wäre Wolfgang Schäuble zu diesem Zeitpunkt nicht im Krankenhaus, er wäre an diesem Tisch wohl dabei.«

Während Athos, Porthos, Aramis und d'Artagnan unter dem Leitspruch »*Un pour tous, tous pour un*« für ihre aristokratischen Herren die Klingen kreuzen, ist der Bedarf des europäisch denkenden Demokraten Wolfgang Schäuble ein anderer, wie Brost zutreffend beschreibt: Er wünscht, ja fordert den politischen wie intellektuellen Diskurs und führt ihn mit Lust.

Dies führt uns zum »Was« dieses Buches: Es möchte keine kursorische Festschrift sein, keine protokollarische Höflichkeit oder Selbstbeweihräucherung der Autoren im Namen des Jubilars, sondern eine echte Freundesgabe, ein *liber amicorum*. Darum wurden die Autorinnen und Autoren ohne jede Rücksicht auf Protokoll oder akademische Usancen nach einem einzigen Kriterium ausgewählt: Echte Weggefährten Wolfgang Schäubles sollten es sein, die genau derlei Diskurse über Deutschland und Europa, Heimat und Globalisierung, Gott und die Welt mit ihm führten oder führen.

Denn wer Geburtstag hat, bekommt ein Geschenk, an dem er im Idealfall viel und nachhaltig Freude hat. Wolfgang Schäuble ist also der alleinige Adressat dieses Buches und dessen Leser sind eingeladen, ihn ein Stück weit bei der Lektüre zu begleiten. Wo waren die Gabelungen, wo die Siegerstraßen, wo die Sackgassen, die es in jedem Leben, das siebzig Jahre währt, gibt?

Das führt uns zum »von wem«?

Absagen seitens der angefragten Autoren gab es – kaum überraschend – wenige. Dabei rekrutiert sich der Kreis der Autoren aus Menschen, die Wolfgang Schäuble über Jahrzehnte kennen – von *Henry Kissinger* über *August Hanning* bis hin zu *Karl Lamers*. Hinzu kommen andere, die gerade in jüngster Zeit bei speziellen Fachthemen mit ihm intensiv diskutierten, etwa *Michael Chertoff* bei der Terrorismusbekämpfung oder *Christine Lagarde* im Rahmen der Finanz- und Eurokrise. Was aus dieser für uns Europäer zu lernen ist, dazu legen *Friedrich Merz* und *Jean-Claude*

Juncker einen Beitrag vor. An Texten wie denen von *Lothar de Maizière* und *Richard Schröder* wird die Rolle des Europäers Wolfgang Schäuble in den bewegten Jahren 1989/90 kenntnisreich beleuchtet. Vertreter der Medien wie *Günther Nonnenmacher* zu den Ursachen der Bankenkrise oder *Thomas Schmid* zum Wesen der repräsentativen Demokratie analysieren politische Fragen, die den Jubilar über Jahrzehnte interessierten. *Karl Kardinal Lehmann* und *Günther Beckstein* thematisieren in ihren Beiträgen ein Thema, das den Christenmenschen Wolfgang Schäuble als aktiven Politiker stets beschäftigte: Das Verhältnis von Politik und Ethik unter der Frage nach der notwendigen Haltung, um als Christ in der Politik – und nicht etwa als christlicher Politiker – glaubwürdig zu bleiben.

Und bei Fragen der Haltung, des Charakters und der Ethik kommen wir zu dem »woraus« dieses Buches und damit *idealiter* zu dem Woraus des Menschen Wolfgang Schäuble mit 70 Jahren Lebenserfahrung. Wer ihm wie die Musketiere über eine lange Zeit zugearbeitet hat, der ist mit den Grundlinien und Themen, die ihn umtreiben, einigermaßen vertraut. Als Christ ist ihm die von Dietrich Bonhoeffer formulierte, biblische Erkenntnis, dass menschliches Handeln und damit auch Politik sich immer nur im Bereich des Vorletzten und nie des Letzten bewegt und bewegen darf, ein wichtiger Anker.

In Zeiten der Globalisierung mit ihren demographischen Verwerfungen, in Zeiten der Beschleunigung und Entgrenzung ist Wolfgang Schäuble zudem die Verwurzelung im Lokalen so wichtig. Und wer schon einmal in Gengenbach war, dem wird sofort klar, warum. Auch weiß der Jubilar, dass Entscheidungen durch die schlichte Tatsache ihrer Beschleunigung nicht immer besser werden. Gleichzeitig war er es, der den Paulinischen *kairos* in Zeiten der Wiedervereinigung oder auch in der daraus resultierenden Bonn-Berlin Debatte nicht nur erkannte, sondern zum Wohle des Landes zu nutzen wusste.

Und wer seit 1972 fröhlich im Bundestag sitzt, der liefert die Blaupause für den Titel des Buches: In »Der Mythos des Sisyphos« erklärt Albert Camus uns Sisyphos, der der Sage nach einen Felsbrocken einen steilen Hang hochrollen muss, um bei Ankunft am Gipfel stets mit dessen Herunterrollen konfrontiert zu werden. Ein wenig überraschend kommt dann Camus zu der Erkenntnis, dass wir uns diesen Sisyphos mit seinem Schicksal als einen glücklichen Menschen vorstellen müssen, weil der Felsbrocken ihm allein gehört und dieses, wenn auch schwere, Schicksal seine Sache ist. Camus meint, Sisyphos sei in dieser Aufgabe nicht trotz, sondern gerade wegen seines Schicksals freier als die meisten anderen, nur scheinbar vom Schicksal begünstigten Menschen.

Wolfgang Schäuble hat als Politiker etliche Gipfel erklommen, ist aber auch oft, beinahe zu oft mit Felsbrocken konfrontiert worden, die ihm andere oder das Schicksal zuweilen in gewaltiger Größe in den Weg legten. Doch wie Sisyphos hat er seine Aufgabe in einmaliger Weise und in den verschiedensten Rollen und Ämtern zum Wohle seines Landes bewältigt. Den meisten von uns hätte hierzu die Haltung, die Kraft und die Zuversicht gefehlt, aber Wolfgang Schäuble fand sie – immer wieder und zum Glück für Europa und Deutschland. Er fand sie, weil er stets seinen eigenen, stets funktionierenden Kompass bei sich führte und zugleich, weil er als Politiker und Christenmensch nur zu gut weiß, dass sein Geschäft die letzten Antworten nicht sind – wohl aber die bestmöglichen Antworten im Vorletzten. Und weil er im Sinne Max Webers die Gabe hat, mit großer politischer Urteilssicherheit jeden Morgen von Neuem geduldig die dicken Bretter zu bohren.

Spätestens hier hätte Wolfgang Schäuble nicht nur ob des vielen Lobes unterbrochen, sondern auch, weil er als Jurist erkannt hätte, dass Bücher in einer Einleitung niemals länglich ihren Gegenstand und Aufbau erklären. Denn der ergibt sich aus ihnen selbst.

In diesem Sinne wünschen wir ihm und seiner ganzen Familie an diesem Tag von Herzen alles Gute – *ad multos annos*.

Bruno Kahl, Markus Kerber, Nils Ole Oermann, Johannes Zachhuber

Berlin, im August 2012

Geleitwort
Von Angela Merkel

Europa befindet sich infolge der Staatsschuldenkrise zurzeit in einer seiner schwersten Bewährungsproben. Die Staatsschuldenkrise hat eine mangelnde Wettbewerbsfähigkeit einiger europäischer Staaten schonungslos offengelegt. In dieser Stunde zählt Wolfgang Schäuble zu jenen Politikern, die als überzeugte Europäer Wegweisendes für die Stärkung unseres Kontinents leisten. Denn Europa hat es in der Hand, die europäische Wirtschafts- und Währungsunion zu stärken, und zwar über konsequente und damit glaubwürdige Konsolidierung und geeignete Strukturreformen für mehr Wettbewerbsfähigkeit.

Dabei kann Wolfgang Schäuble auf das wohl wichtigste Kapital politischer Entscheidungsträger setzen: Glaubwürdigkeit. Glaubwürdigkeit ist stets aufs Neue zu untermauern durch exzellenten Sachverstand, unermüdliche Schaffenskraft, vor allem aber auch durch nachvollziehbare Orientierung an grundlegenden Leitlinien. Wer Wolfgang Schäuble kennt, weiß: Er baut keine Luftschlösser, sondern sagt klar, was geht und was nicht. Seinen scharfen Analysen folgen konsequente Handlungsempfehlungen. Er scheut keinen Gegenwind, er stellt sich unbequemen Wahrheiten und steht zu seinen Überzeugungen. So lebt und belebt Wolfgang Schäuble Politik schon seit Jahrzehnten mit unermüdlicher Leidenschaft.

Seit 40 Jahren ist Wolfgang Schäuble Mitglied des Deutschen Bundestages. Seine erste Ernennung zum Regierungsmitglied erfolgte 1984. Bundeskanzler Helmut Kohl ernannte ihn zum Bundesminister für besondere Aufgaben und Chef des Bundeskanzleramtes. Zeitungen beschrieben ihn damals als »erfolgreichen Weichensteller«, als »leise und tüchtig«. Schon wenige Jahre später hieß es in einer Überschrift: »Ohne Schäuble geht nichts, mit ihm fast alles.« Dies war keineswegs zu hoch gegriffen. Denn die großen Schicksalsaufgaben des modernen Deutschlands – die Gestaltung der Deutschen Einheit und der europäischen Einigung – durchziehen wie ein roter Faden die politische Biografie Wolfgang Schäubles.

Die Deutsche Einheit ist ohne Wolfgang Schäuble nicht denkbar. Der Einigungsvertrag trägt im wörtlichen wie im übertragenen Sinne seine Handschrift. In höchst komplizierten Verhandlungen gelang den Vertragspartnern das einzigartige Kunststück, binnen kürzester Zeit die rechtlichen Voraussetzungen für die Wiedervereinigung unseres Landes zu schaffen. Dass die Bundesrepublik Deutschland am 3. Oktober 1990 den glücklichsten Tag ihrer Geschichte begehen konnte, haben wir nicht zuletzt ganz besonders Wolfgang Schäuble zu verdanken. Doch nur wenige Tage später sollte ein Attentat sein Leben für immer verändern, ein gnadenloser Schlag des Schicksals. Jedoch – Politiker mit Leib und Seele, der er war und ist – führte seine außerordentliche Willenskraft ihn zurück zu seiner Lebensaufgabe und die ist, dem Gemeinwohl zu dienen.

Für Wolfgang Schäuble war es stets ein Herzensanliegen, das Zusammenwachsen von Ost und West nach Kräften zu fördern. Unvergessen bleibt hierbei seine Rede während der Bundestagsdebatte zur Frage des zukünftigen Parlaments- und Regierungssitzes. Sein beherztes Eintreten für Berlin gab einen, wenn nicht sogar *den* entscheidenden Impuls für das Ergebnis der Abstimmung. Er unterstrich nicht allein die weite Dimension dieser Frage für das geeinte Deutschland, sondern wies in seinem Plädoyer auch darauf hin: »Deshalb ist die Entscheidung für Berlin auch eine Entscheidung für die Überwindung der Teilung Europas.«

Wolfgang Schäubles Überzeugung steht damals wie heute in der Kontinuität einer deutschen Politik, die der europäischen Idee und Einigung verpflichtet ist. Seine Heimat liegt in der Nähe des Elsass. In der deutsch-französischen Grenzregion haben die Menschen ein besonders gutes Gespür dafür, welch ein Segen die europäische Einigung für unseren Kontinent bedeutet. Wolfgang Schäuble denkt, lebt und arbeitet aus dieser Gewissheit heraus. Er verteidigt die Errungenschaften eines geeinten, friedlichen und freien Europas gegen jeden Zweifel.

Für Wolfgang Schäuble ist die Unterstützung besonders krisengeschüttelter europäischer Staaten in der gegenwärtigen Krise Ausdruck der Solidarität innerhalb Europas, die mit der Eigenverantwortung der Mitgliedstaaten für finanzielle Stabilität und ökonomische Leistungsfähigkeit einherzugehen hat. So lenkt Wolfgang Schäuble auch den Blick über den Tag hinaus auf die künftige Rolle Europas in der Welt. Wie lassen sich angesichts fortschreitender Globalisierung und wachsender Konkurrenz durch aufstrebende Schwellenländer, angesichts zunehmender Weltbevölkerung und rasanten gesellschaftlichen Wandels unsere freiheitliche Ordnung und unser Wohlstand bewahren? Das kann nur durch *mehr* Europa gelingen – durch mehr wirtschaftliche Zusammenarbeit und durch eine schrittweise Verwirklichung einer politischen Union. Ein geeintes Europa mit 500 Millionen Menschen hat in der Welt mehr Gewicht als ein einzelner europäischer Nationalstaat, für unsere Werte einzustehen.

Es ist ein Ding der Unmöglichkeit, all die Verdienste, die Wolfgang Schäuble für unser Land und Europa in unermüdlicher Arbeit als Kanzleramtsminister, als Innenminister – ein Amt, das er zweimal innehatte –, als Oppositionsführer und heute als Finanzminister erworben hat, in wenigen Zeilen zu beschreiben. Kraft für seine Arbeit schöpft Wolfgang Schäuble aus seiner Verwurzelung in seiner Familie und im christlichen Menschenbild. Verlässlichkeit und Verantwortung, Solidarität und Zusammenhalt, Freiheit und Sicherheit – das sind für Wolfgang Schäuble keine leeren Worte, sondern Werte, die sich auch in seiner Arbeit widerspiegeln. Damit vermag er, der die Klaviatur des politischen Diskurses meisterhaft beherrscht, visionäre Kraft, konzeptionelle Gestaltung und tägliches Handeln zu einem schlüssigen und überzeugenden Ganzen zu verbinden. In einem Wort: Wolfgang Schäuble ist ein Glücksfall für die deutsche und europäische Politik. Dafür bin ich von Herzen dankbar und freue mich auf eine weitere enge Zusammenarbeit.

Politik als Charakterfach
Von Günther Beckstein

Der 20. Juni 1991 war eine Sternstunde des deutschen Parlamentarismus. Die Wiedervereinigung der beiden deutschen Staaten lag ein gutes halbes Jahr zurück, und wohlweislich hatte man bei den Verhandlungen die Frage nach dem künftigen Regierungssitz ausgeklammert: Es war klar, dass es darüber zu einer heftigen, äußerst emotionalen Debatte kommen würde. Diese Debatte erreichte ihren Höhepunkt an jenem Plenartag im Juni 1991. Die beiden Lager waren fast gleich stark und setzten sich quer durch die Fraktionen zusammen, was die Unabsehbarkeit des Abstimmungsergebnisses ebenso begründete wie die Spannung noch einmal mehr steigerte. Vermutet wurde ein hauchdünner Vorsprung der Berlin-Gegner. In der Bevölkerung konnten sie darauf verweisen, dass ein Umzug enorme Kosten mit sich bringen würde. Und es gab nicht wenige, die den Streitern für Berlin subtil oder gar offen einen Geschichtsrevisionismus vorwarfen, der all das Unheil verschleiern sollte, das sich in dem zu Ende gehenden Jahrhundert auf deutschem Boden zugetragen hatte und von Deutschland ausgegangen war.

In dieser spannungsreichen Situation ergriff der Bundesminister des Innern das Wort. Schmal, gezeichnet von dem Attentat des Vorjahres begab er sich zum Rednerpult. Blickte in den voll besetzten Saal. Und hielt eine Rede in die Hitze der Debatte hinein, die bereits unmittelbar danach als historisch bezeichnet wurde und in ihrer Bedeutung für das letztlich gegebene Berlin-Votum des Deutschen Bundestages nicht überschätzt werden kann.

Dabei war es eigentlich eine typische Schäuble-Rede, die die Abgeordneten da hörten: Pragmatisch hatte der Bundesminister die aktuelle Situation analysiert, um als ebenso überzeugter wie überzeugender Deutscher und Europäer ihre Historizität herauszustellen, die letztlich nur den Schluss zuließ, den mit Schäuble viele andere deutsche und europäische Staatsmänner gezogen hatten: Deutschlands Hauptstadt ist Berlin. Emotionalität sich selbst oder der Sache gegenüber erlaubte der Mann am Rednerpult sich nicht. Und trotzdem oder gerade deshalb emotionalisierte diese Rede eine ganze Nation.

Der Sommertag im Plenarsaal des Deutschen Bundestages zu Bonn hatte ein Schlaglicht auf das Selbstverständnis und die Selbstzweifel geworfen, die die Deutschen von sich und mit sich hatten und haben. Ein Schlaglicht fiel aber auch auf Wolfgang Schäuble selbst, den wichtigsten Redner dieses Tages, der zu diesem Zeitpunkt bereits auf zwei Jahrzehnte Bundespolitik zurückblicken konnte. Schäuble hatte sich mit seiner Rede einmal mehr als der Verantwortungsethiker erwiesen, der er bis heute geblieben ist. Eine reine Gesinnungsethik, die politisches Handeln ausschließlich von Prinzipien und Ideen, nicht aber vom voraussichtlichen Resultat her bewertet, ist dem strengen Badener Schäuble zutiefst zuwider. Verantwortlich, so sieht er es, verantwortlich hat ein Politiker zu handeln –, und diesem Verantwortlichkeitsanspruch kann nur gerecht werden, wer die individuellen Gegebenheiten einer Handlung ebenso im Blick hat wie ihr mögliches Ergebnis.

Aus dem Dualismus zwischen Gesinnungs- und Verantwortungsethik zu folgern, der Verantwortungsethiker agiere bar aller Grundüberzeugungen und könne, eben weil ihm alles Grundsätzliche fehlt, jederzeit seine Meinung ändern, hieße freilich Max Weber grundfalsch verstehen. Es gibt nämlich durchaus eine Gesinnung, der sich zumal der christliche Verantwortungsethiker gänzlich kompromisslos verpflichtet fühlt. Diese Gesinnung ist der Mensch selbst. Wolfgang Schäuble ist so ein Verantwortungsethiker, der das menschliche Wohl zum zentralen Prinzip seines politischen und privaten Handelns gemacht hat. Einer, der brennt, wenn es um den Menschen in all seiner Fehlerhaftigkeit und Unvollkommenheit, mit all seinen Ideen und Träumen geht. Einer, der das »*langsame Bohren von harten Brettern*« mit jener Leidenschaft und jenem Augenmaß betreibt, die Max Weber in seiner berühmten Rede über die »Politik als Beruf« am Beginn der Weimarer

Republik von seinen studentischen Zuhörerinnen und Zuhörern eingefordert hatte.

In einer Zeit, in der die politischen Themen beinahe im Stundentakt wechseln, sind die Schäubles zu einer aussterbenden Gattung geworden. Es begünstigt diese Zeit einen Politikertypus, der Martin Luthers berühmtem Diktum »*Hier stehe ich, ich kann nicht anders*« ein alert-blasses »*Hier stehe ich vorerst, ich kann aber jederzeit auch anders*« entgegensetzt und damit für alle Richtungsänderungen von Presse, öffentlicher Meinung oder eigener Tageslaune gewappnet scheint. Dieser Politikertypus mag Etappensiege erzielen. Und ja, es liegt auch an unserer allzu tabudurchsetzen Debattenkultur, dass er so geworden ist, wie er ist. Man würde die Bürgerinnen und Bürger aber für schön dumm halten, wollte man glauben, sie könnten den vielleicht kantigen, unbequemen, bisweilen gar stur scheinenden, in seinem Denken und Handeln aber stets aufrechten und unbestechlichen Charakterkopf nicht unterscheiden vom Politluftikus, der mit der Strömung schwimmt, anstatt sie selbst zu machen. Schäuble macht Strömung. Schäuble eckt an, notfalls auch bei der halben Republik. Und trotzdem oder vielmehr gerade deswegen hält er sich wie kein anderer Politiker seit Jahren auf vorderen Plätzen von Beliebtheitsrankings. Beliebtheit, das beweist diese Kontinuität, ist kein Resultat von Liebedienerei und Gefälligkeitspolitik. Das Ergebnis von Achtung und Wertschätzung ist sie vielmehr, die derjenige politisch Handelnde sich verdient, dem jede persönliche

Gefallsucht fern und das politisch Gebotene am Herzen liegt.

Schäuble ist einer, der nicht anders kann – auch dann nicht, wenn er vielleicht am liebsten anders können wollen würde. Er verbietet sich den Reflex, weil er ihn als eine Nachlässigkeit betrachtet, als einen Rückfall regelrecht auf den Trieb. Mit tiefer Bewunderung habe ich verfolgt, wie Schäuble nach dem Attentat vom 12. Oktober 1990 sein Amt als Innenminister Helmut Kohls wahrgenommen hat. Ausgefüllt hat er es bis in den letzten Winkel. Mit einer Selbstdisziplin und einer Scharfsichtigkeit, die auch dem politischen Gegner Hochachtung abtrotzten – bisweilen sogar eine Ehrfurcht, bei der die Furcht sich mit der Ehre durchaus die Waage hielt. Mein privates Schicksal, so schien es dieser Mann mit jeder Regung seines Körpers zu sagen, gehört nicht hierher. Als Innenminister der Bundesrepublik Deutschland bin ich hier, und ich habe diese und jene Themen mitgebracht. Die Souveränität, die es als Opfer von Kriminalität braucht, um sich distanziert eben mit der Kriminalität zu beschäftigen – Schäuble brachte sie auf, als handle es sich dabei um eine Kleinigkeit.

Die Jahre des Miteinanders mit dem Jubilar in der Verantwortung für die innere Sicherheit waren für mich eine bereichernde und anregende Zeit. Gemeinsam ist uns beiden die Überzeugung, dass es einen großen Konsens als Grundlage für diesen Staat braucht, der nur aus der religiösen, kulturellen und demokratischen Prägung bestehen kann, die die

Mehrheitsbevölkerung erfahren hat. Welche Kultur sonst sollte in Deutschland die größte Verbindlichkeit generieren, wenn nicht die Kultur der Deutschen selbst? Es ist diese Kultur stark geprägt vom Christentum und seinen jüdischen Wurzeln, vom Humanismus und der Aufklärung. Das Substrat dieser Prägung hat Eingang gefunden in unser Grundgesetz. Die christliche Vorstellung von der Gottebenbildlichkeit des Menschen spiegelt sich gleich am Anfang des Gesetzestextes sehr deutlich wider, wenn es im Absatz 1 des Artikels 1 heißt: »*Die Würde des Menschen ist unantastbar.*« Von diesem Satz leiten sich alle weiteren Grundrechte des Menschen ab – es sind vor-staatliche Rechte, die zu gewähren nach unserer Vorstellung nicht einmal dem Staat obliegt.

Diese Prägung ist Wolfgang Schäuble wichtig. Sie ist Teil seiner ganz persönlichen Identität. Dazu gehört auch – eben weil das christliche Menschenbild ein universelles, ein menschenfreundliches ist – die strikte Ablehnung kultureller Überlegenheitsallüren. In der praktischen Politik führte dies für den Bundesinnenminister Wolfgang Schäuble ebenso wie für den bayerischen Innenminister Günther Beckstein zu einer Unverhandelbarkeit der demokratischen Spielregeln und Werte unseres Grundgesetzes auf der einen und auf der anderen Seite zu einer unbeirrt eingeforderten Gesinnungs-Liberalitas beispielsweise gegenüber Bürgerinnen und Bürgern muslimischen Glaubens.

Zur Konsequenz eines Wolfgang Schäuble gehört es auch, sich über die Jahre hinweg treu zu bleiben.

Wir erleben heute einen Finanzminister, dem aufgrund seiner Unbeeindruckbarkeit und Kundigkeit auf der europäischen Bühne niemand etwas vormacht und der gleichzeitig eine Last trägt, wie sie wohl keiner seiner Vorgänger jemals zu tragen hatte. Man kann es ruhig so sagen: Schäuble und die Kanzlerin sind die Gesichter, die Deutschland während der Krise zeigt. Konsequenz strahlen diese Gesichter aus und Pflichtbewusstsein nach beiden Seiten hin – sowohl gegenüber den Bürgerinnen und Bürgern des eigenen Landes als auch gegenüber den Freunden und Nachbarn in Europa, von denen Deutschland in den letzten Jahrzehnten so viel Gutes widerfahren ist. Mir gefällt dieses gedoppelte Pflichtbewusstsein: Es ist eine Haltung, die einem weltoffenen, modernen Land wie unserem, das seine Rolle in der Geschichte und in der Welt wiedergefunden hat, zukommt und gut ansteht. Dies schließt die selbstbewusste Feststellung nicht aus, dass Solidarität die Verpflichtung zum eigenen Schaden nicht meinen kann. Die nicht zuletzt durch die Finanzwelt so honorierte Poleposition Deutschlands ist ein Ergebnis dieses gleichermaßen selbst- wie verantwortungsbewussten Agierens der deutschen Kanzlerin und ihres Finanzministers.

Johann Wolfgang von Goethe hat einmal die bemerkenswerte Feststellung gemacht: »*Der Charakter ruht auf der Persönlichkeit, nicht auf den Talenten. Talente können sich zum Charakter gesellen, er gesellt sich nicht zu ihnen, denn ihm ist alles entbehrlich außer die Persönlichkeit.*« Nach dieser Formel kann also auch ein Mensch gänzlich ohne Talente einen guten Charakter haben, wenn es ihm nicht an der Persönlichkeit mangelt. Das mag so sein; dem Dichterfürsten ist nicht zu widersprechen. Für Wolfgang Schäuble aber braucht es eine solche Differenzierung nicht. Persönlichkeit und Charakter hat dieser Mann bewiesen wie selten ein Politiker in der neueren Geschichte dieser Republik. Seine Talente bringen ihm seit Jahrzehnten Erfolge, die er stets in die Erfolge seines Landes und der Bürgerinnen und Bürger umzuwidmen weiß – ganz seiner protestantischen Genügsamkeit gemäß. Diese Genügsamkeit ist es auch, die mich den bunten Blumenstrauß an ausdrucksstarken Termini, die sich auf Wolfgang Schäuble anwenden ließen, nicht binden lässt. So viel aber sei gesagt: Wolfgang Schäuble hat dort, wo er in der Vergangenheit gewirkt hat, Politik wieder zum Charakterfach gemacht.

Chancen und Risiken der Globalisierung*
Von Michael Chertoff

Die Möglichkeiten des Reisens, der Kommunikation und weltweiter Finanztransaktionen, die uns im 21. Jahrhundert zur Verfügung stehen, haben wahrhaft internationale Netzwerke geschaffen. Die Globalisierung hat in enormem Umfang zu exportorientiertem Wachstum, effizienterem Kapitaleinsatz und intensiverem kulturellen Austausch beigetragen. Die Schattenseite der globalisierten Welt ist jedoch die Entstehung internationaler krimineller oder anderer Vereinigungen mit schadenstiftender Ausrichtung. Diese Netzwerke oder Vereinigungen, seien sie nun krimineller oder ideologischer Natur, stellen nach Art und Ausmaß weltweite potenzielle und tatsächliche Bedrohungen dar, wie sie zuvor auf einzelne Staatsgefüge beschränkt geblieben waren.

Geht diese globale Reichweite mit den zerstörerischen Druckmitteln einher, die durch die neuen Technologien entstanden sind, können es diese durchorganisierten Netzwerke an Bedrohungspotenzial mit dem der mächtigsten Nationen aufnehmen. Hinzu kommt,

---

* Übersetzt von Ingrid Exo, Leipzig.

dass sich die daraus folgenden Handlungen nicht mehr nur gegen ein Land allein richten, sondern gleich mehrere davon betroffen sind. Als Beispiel dieser Bedrohung und ihrer unmittelbaren weltweiten Auswirkung haben wir die Terroranschläge vom 11. September vor Augen. Diese Angriffe wurden im südlichen Asien geplant, von Agenten ausgeführt, die in Deutschland ausgebildet wurden und vom Nahen Osten finanziert. Diese Anschläge wurden den Terroristen unter anderem dadurch ermöglicht, dass sie sich die eingeschränkte Informationsweitergabe und die dadurch behinderten konzertierten Aktionen der Länder zunutze machen konnten, in denen der Plan entwickelt wurde.

Vergleichbare globale Herausforderungen zeigen sich in den weniger tödlichen, aber wirtschaftlich katastrophalen Finanzkrisen, die seit dem September 2008 aufgekommen sind. Durch die extrem raschen Kredit- und Kapitalverschiebungen hatte kein Land die Möglichkeit, die Risiken, die 2008 zutage traten, zu steuern oder aufzufangen. Die jüngste Staatsschuldenkrise in Europa hat offenbart, dass die finanziellen Risiken des 21. Jahrhunderts sich selbst innerhalb der Europäischen Union der Kontrolle durch jene Regierungsinstitutionen entziehen, die in den vergangenen Jahrzehnten eigens eingerichtet wurden.

Beim Umgang mit den Gefahren, denen wir in der Welt seit dem 11. September ausgesetzt sind, wird es, wie schon in der Vergangenheit, auf die entschlossene Führung Einzelner ankommen, die erkannt haben, dass die traditionellen Mechanismen des 20. Jahrhunderts und bisher bestehender gesetzlicher Regelungen nicht länger geeignet sind, um der bedeutsamen Folgen und der erhöhten Risiken Herr zu werden, die sich in so kurzer Zeit über den Globus ausgebreitet haben. Wir benötigen ein neues Regelwerk, rasches Handeln und gegenseitige Unterstützung, um diesen Bedrohungen des 21. Jahrhunderts gerecht zu werden. Wolfgang Schäuble ist eine dieser Führungspersönlichkeiten, die die Notwendigkeit erkannt haben, die Strategien für das 21. Jahrhundert zu überarbeiten. Seine Führungskraft und sein Geschick, mit dem er weitreichende Kooperationen bewirkte, stellen im Bemühen, diese Welt sicherer zu machen, einen einzigartigen Beitrag dar.

Am 11. September 2001 war die weltweit operierende al-Qaida in der Lage, mit ihren Agenten in die Vereinigten Staaten zu gelangen und Amerikas eigene Flugzeugtechnik gegen sich selbst zu richten, was mehr Menschenleben unter Zivilisten forderte, als es je zuvor in unserer Geschichte durch einen Feind aus dem Ausland geschehen ist.

Hätte al-Qaida über das technische Know-how verfügt, biologische oder Cyber-Weapons herzustellen, wären ähnliche oder gar größere Anschläge gefolgt.

Seit dem 11. September wissen wir nun, dass eine Unterscheidung der Bedrohung zwischen Tätern, die innerhalb eines Staates agieren und staatsübergreifenden Netzwerken irrelevant ist; man muss sich nur die zahlreichen geografischen Standpunkte vor Augen führen, an denen es Terroristen oder kriminellen Gruppen möglich ist, sich buchstäblich einen sicheren Hafen zu schaffen, wo sie Anwerbe- und Ausbildungszentren und Laboratorien errichten können, um ihre Schlagkraft weiter auszubauen.

Solche sicheren Häfen gedeihen in unkontrollierten Gebieten, seien es die Grenzgebiete von Pakistan, Somalia, Jemen oder Regionen in anderen schwachen Staaten. Unter dem Aspekt des Risikos besteht kaum ein Unterschied zwischen einer Terrorgruppe, der ein Staat sicheren Schlupfwinkel bietet und einer Terrorgruppe, die ihn sich in einem Gebiet schafft, in dem die Staatsmacht nicht in der Lage ist, das eigene Territorium zu kontrollieren.

Das wird in Zukunft ernstzunehmende Folgen für den Schutz und die Verteidigung der Länder haben. Seit dem Westfälischen Frieden im 17. Jahrhundert sah man Krieg als einen Konflikt zwischen Ländern an. Seither betrachten wir Konflikte aus dem Blickwinkel nationalstaatlicher Auseinandersetzungen. Im 21. Jahrhundert und im gesamten Jahrtausend werden wir uns etwas deutlich anderem gegenüber sehen. Wir haben die Ära hinter uns gelassen, in der Kriege auf Nationen beschränkt waren. Krieg ist nicht mehr bloß eine Angelegenheit von Staat gegen Staat, sondern von Netzwerk gegen Staat und Netzwerk gegen Netzwerk. Viele dieser Kriege werden von ideologischen Auseinandersetzungen oder aufeinanderprallenden Glaubenssystemen bestimmt werden. Und sie werden innerhalb der modernen Gesellschaft stattfinden, die sich aus den Kommunikationsmitteln, Reisen und Finanzinstrumenten konstituiert, aus denen die Globalisierung besteht.

Angesichts dieser neuen Realität werden wir mit der Zeit erleben, wie sich die Staaten – insbesondere unsere transatlantischen Partner – im Kampf gegen den Terrorismus immer mehr einander annähern. Es herrscht bereits Übereinstimmung hinsichtlich der terroristischen Bedrohung, eine zunehmend übereinstimmende Auffassung bezüglich effektiver internationaler Gegenmaßnahmen und es entsteht Konsens hinsichtlich der dafür erforderlichen Schritte. Mit den Worten von Minister Schäuble: »Wir müssen jedoch klären, ob unser Rechtsstaat ausreicht, um den neuen Bedrohungen zu begegnen.« Regierungen auf der ganzen Welt sind im Hinblick auf den Schutz unserer Länder, deren Bevölkerung und unserer Zivilgesellschaft zu drei wichtigen Erkenntnissen gelangt:

Erstens: Um sich selbst zu schützen, müssen die Regierungen einzelner Staaten nicht nur innerhalb ihrer eigenen Grenzen und Grenzübergänge agieren, sondern müssen auch darüber hinaus tätig werden dürfen. In zunehmendem Maße werden sie ihre Sicherheitszone ausweiten müssen, um gefährliche Personen bereits im Ausland abfangen zu können, noch bevor sie sich in Flugzeugen in Richtung unserer Heimat aufmachen.

Zweitens macht diese Strategie die Zusammenarbeit der Länder erforderlich. Die Staaten erkennen, dass sie ihre Sicherheitsbemühungen nicht allein verfolgen können. Starke Partnerschaften zwischen den Ländern sind von wesentlicher Bedeutung.

Und schließlich realisieren die Staaten, dass die Sicherheitsmaßnahmen zwar sowohl im Inland wie im Ausland ergriffen werden und in konzertierter Aktion mit anderen erfolgen müssen, dass aber keine Nation, sei es allein oder im Verbund, überall zugleich sein kann.

Kurz gesagt: Die Staatsregierungen arbeiten nicht nur zusammen, um terroristische Bedrohungen als solche zu erkennen, sondern auch mit einer breit angelegten Strategie, um feindlich gesinnte Personen daran zu hindern, die Bevölkerung und die Infrastruktur unserer jeweiligen Länder anzugreifen.

Zweifelsohne bringt eine solche Strategie besondere Herausforderungen mit sich.

In Amerika beispielsweise begrüßen wir jedes Jahr 400 Millionen Touristen – 91 Millionen davon als Fluggäste. Die gute Nachricht lautet, dass nur ein äußerst geringer Teil von ihnen eine echte Bedrohung darstellen könnte. Die schlechte ist, dass dank moderner Technologien nur einige wenige vonnöten sind, um gravierenden Schaden anzurichten. Obwohl wir Terrorfahndungslisten besitzen, auf denen all jene verzeichnet sind, die als gefährlich bekannt sind, müssen wir doch auch in der Lage sein, diejenigen Terroristen zu finden, die uns noch nicht bekannt sind. Die Frage ist, wie sich das bewerkstelligen lässt, ohne mit drakonischen Maßnahmen den gesamten Reiseverkehr zum Erliegen zu bringen.

In den Vereinigten Staaten begegnen wir dieser Problemstellung, indem wir uns auf drei Kernbereiche konzentrieren: Informationen, Biometrie und Sicherheitsaufzeichnungen. Wir brauchen nur wenige nicht-sensible, kommerzielle Daten und können die paar Passagiere herausfiltern, die einen genaueren Blick wert sind, bevor sie an Bord eines Flugzeugs gehen oder ins Land einreisen. Als Minister des U.S. Department of Homeland Security (DHS) durfte ich erleben, wie dieses Vorgehen durch eine Einigung mit der Europäischen Union einen großen Schritt voran kam, durch welche uns die EU die Übermittlung von Fluggastdaten (passenger name record (PNR)) der transatlantisch operierenden Luftverkehrsunternehmen an das DHS ermöglichte. Minister Schäuble war zu dieser Zeit mein Gesprächspartner und ein starker Verbündeter. Er erkannte, dass schon dank dieses geringen Datenaufwands nicht nur für die U.S.-amerikanischen Grenzen, sondern auch für sämtliche Flugreisen von und nach Amerika größere Sicherheit gegeben ist.

Bereits vor diesem Abkommen haben sich Datenerhebungen dieser Art im Kampf gegen den Terrorismus als nützliche Waffe erwiesen. Im April 2006 wiesen zwei der ankommenden Fluggäste ein Reisemuster auf, das ein »Verhalten mit hohem Risikofaktor« darstellte, sodass die Beamten der Zoll- und Grenzschutzbehörde des Department of Homeland Security beschlossen, eine genauere Befragung durchzuführen. Im Rahmen des *secondary interview* äußerte eine der Personen, nach Amerika einreisen zu wollen, weil sie geschäftlich mit einer Gruppe zu tun habe, die im Verdacht steht, finanzielle Verbindungen zu al-Qaida zu unterhalten. Als man das Gepäck des Mannes untersuchte, entdeckten die Beamten Bilder bewaffneter Männer, wovon eines mit »Mujaheddin« beschriftet war. Beiden Passagieren wurde die Einreise in die Vereinigten Staaten verweigert.

Drei Jahre zuvor hatte ein Ermittler aufgrund solcher Daten und anderer Erhebungen am O'Hare-Flughafen von Chicago ein Individuum für ein *secondary interview* aussondiert. Als seine Antworten die Sicherheitsbeamten nicht zufriedenstellten, wurde ihm die Einreise in die Vereinigten Staaten verwehrt, jedoch nicht ohne auch seine Fingerabdrücke abzunehmen. Das nächste Mal fanden wir diese Fingerabdrücke, vielmehr Teile davon, auf dem Lenkrad eines Selbstmordfahrzeugs, das im Irak explodiert war und zweiunddreißig Menschen getötet hatte.

Diese biografischen und biometrischen Daten haben sich als zweckmäßig erwiesen, um die Möglichkeiten, gefährliche Reisende zu identifizieren und wenn nötig festzusetzen, zu verbessern. Einige Kritiker in der Europäischen Union führen die Auswertung von PNR-Daten sowie die Erhebung biometrischer Daten und anderer sicherheitsrelevanter Reiseverkehrsaufzeichnungen als Beleg dafür an, dass die Vereinigten Staaten sich jedes verfügbare Datenmaterial aneigneten und sich somit auf der internationalen Bühne autoritären Staaten vergleichbar gebärdeten. Aber unter der Leitung des damaligen Innenministers Schäuble und anderen seiner europäischen Amtskollegen, haben wir ein gegenseitiges Abkommen zur Nutzung dieser Daten getroffen.*

Es ist eine Tatsache, dass ähnliche auf Datenerhebung basierende Programme auch von anderen Staaten auf der ganzen Welt eingeführt wurden, insbesondere solchen, die unsere demokratischen Werte und Traditionen teilen, zu denen auch der Schutz der Privatsphäre gehört.

Führend sind dabei jedoch unsere transatlantischen Freunde und Partner. Die Europäische Union hat den Vorschlag eines biometrischen Ein- und Ausreisesystems nach dem Vorbild des US-Visit-Programms gemacht sowie die Anforderungen an die Mitgliedstaaten formuliert, die den Bestimmungen der PNR-Daten-Nutzung im Grenzschutzsystem entsprechen. Großbritannien beispielsweise hat ein »eBorders program« auf den Weg gebracht, mit dem ein Grenzschutzsystem etabliert wird, das sowohl biometrische wie biografische Daten berücksichtigt.

Im Verhältnis unserer transatlantischen Partnerschaften wird die amerikanisch-europäische Zusammenarbeit im Kampf gegen den Terrorismus von Jahr zu Jahr intensiver, was sich in der erfolgreichen Vereitelung von Straftaten in Deutschland, Dänemark und dem Vereinigten Königreich niederschlägt.

---

* Dieses Abkommen zwischen den USA und der EU wird gerade überarbeitet.

Wenngleich unsere Länder den Gefahren, die sich aus den terroristischen Netzwerken ergeben, durch neuartige Sicherheitsmaßnahmen begegnen, haben sich durch die Globalisierung und die vereinfachten Gegebenheiten für Handel, Finanzwesen und wechselseitige Investitionen an anderer Stelle Krisenherde aufgetan, die uns über die Grenzen hinweg betreffen. Auch diese weltweiten ökonomischen Bedrohungen bedürfen einer couragierten und entschlossenen Führung, damit rasch Instrumente und Methoden gefunden werden können, die das wirtschaftliche Wachstum aufrechterhalten und den finanziellen Problemstellungen begegnen können, mit denen wir es heutzutage zu tun haben.

Auch an dieser Stelle hat die Globalisierung Risiken hervorgebracht, die das Risikomanagement derzeitiger Einrichtungen überfordern. Die Auswirkungen der wachsenden Schulden und der finanziellen Instabilität bestimmter europäischer Länder hat sich rasch über die Grenzen hinweg auf die gesamte Europäische Union ausgeweitet. In der gegenwärtigen globalen Landschaft gibt es für die einzelnen Staaten keine Begrenzungs- oder Eindämmungsmöglichkeiten, wenn die Gesamtwirtschaft in Schwierigkeiten gerät. Die europäischen Länder sind als Handelspartner aufeinander angewiesen, und zwar sowohl als Lieferanten wie als Verbraucher und Käufer von Waren. Gleichzeitig sind wachsende Auslandsschulden sowohl für die Kreditkosten einiger südeuropäischer Länder eine Bedrohung wie für die Finanzlage jener europäischen Finanzinstitutionen, die Halter der Schuldentitel sind. In der Folge sind alle europäischen Länder direkt von den Auswirkungen der schweren Schuldenlast einiger Mitgliedstaaten betroffen. Auch hier hat der deutsche Finanzminister Wolfgang Schäuble die Notwendigkeit erkannt, die transnationalen Institutionen neu aufkommenden transnationalen Risiken anzupassen – in diesem Fall den innereuropäischen. Es ist Deutschland, das zu spüren bekommt, wie schwierig es ist, eine gesamteuropäische Finanzpolitik aufrechtzuerhalten, wenn die Haushaltspolitik der einzelnen Mitgliedstaaten nicht sauber aufeinander abgestimmt ist. Wenn die gemeinsame Währung beibehalten werden soll, ist für das weitere Vorgehen auf der Ebene der Finanzhaushalte eine disziplinierte Zusammenarbeit aller Staaten der Eurozone notwendig – einschließlich der Neuverschuldung, der Ausgaben und der Steuern.

Die Chancen und Risiken, die mit der Globalisierung einhergehen, werden bestehen bleiben, ebenso der Nutzen, der sich daraus ergibt, dass wir uns neu auftauchenden Bedrohungen stellen. Aktuell besteht die größte Bedrohung in den anhaltenden Hackerangriffen auf Staat und Bürger, die sich insbesondere gegen die heiklen Netzwerke und Infrastrukturen richten, die für den Betrieb und die Aufrechterhaltung des weltweiten Handels, des Warenverkehrs und der Dinge unseres täglichen Lebens zuständig sind. Wir müssen weiterhin alles Erdenkliche tun, um die Partnerschaft zwischen den Vereinigten Staaten und Europa zu stärken und zu schützen, damit wir die aufkommenden Risiken bewältigen können, die dem weltweiten Wohlstand entgegenstehen.

Das richtige Verhältnis von Rechtsstaatlichkeit und Sicherheit

Von August Hanning

Wie kein anderer Politiker hat Wolfgang Schäuble die Politik der Bundesrepublik Deutschland in den letzten 40 Jahren geprägt. Als einer der jüngsten Abgeordneten im Deutschen Bundestag, als parlamentarischer Geschäftsführer der CDU/CSU-Fraktion, danach als Chef des Bundeskanzleramtes, während der Wiedervereinigung als Bundesinnenminister und zusammen mit Günther Krause als Schöpfer des Vertrages zur Deutschen Einheit, als Fraktionsvorsitzender der CDU/CSU-Fraktion, als Parteivorsitzender der CDU und schließlich als Innen- und Finanzminister in den Koalitionen mit der SPD und FDP.

Ich empfinde es als großes Glück, dass ich ihn auf einem Stück dieser langen Wegstrecke begleiten durfte: als Mitarbeiter im Bundeskanzleramt, als Präsident des Bundesnachrichtendienstes während seiner Zeit als Stellvertretender Vorsitzender der CDU/CSU-Bundestagsfraktion mit Zuständigkeit für Außen-, Sicherheits- und Europapolitik und schließlich als Staatssekretär im Bundesinnenministerium. Dies war nicht nur von den fachlichen Aufgaben her eine Herausforderung, sondern auch menschlich eine Bereicherung. Selbst in schwierigen Situationen verließ ihn nie sein hintergründiger Humor und mit feiner Ironie gelang es ihm häufig »zum Punkt zu kommen« und das Gespräch in die richtige Richtung zu lenken.

Kein anderer heute noch aktiver Politiker kann auf eine so lange Karriere zurückblicken. Mit dem Ende der Legislaturperiode wird er der Politiker mit der längsten Parlamentszugehörigkeit (über 40 Jahre) in der Geschichte der Bundesrepublik Deutschland sein. Eine so lange Wegstrecke prägt den Charakter. Bittere Enttäuschungen sind gepaart mit Augenblicken großer Erfolge. Kein anderer deutscher Politiker hat solche Höhen und Tiefen erlebt wie er.

Schon in jungen Jahren war er als parlamentarischer Geschäftsführer der CDU/CSU-Fraktion im Deutschen Bundestag einer der einflussreichsten Parlamentarier. Als damaliger Mitarbeiter des Bundeskanzleramtes kann ich mich noch sehr gut an die Stimmung im Amt erinnern, als Wolfgang Schäuble als neuer Chef 1984 vom damaligen Bundeskanzler Helmut Kohl begrüßt wurde. Er bestätigte schon bald seinen exzellenten Ruf als effizienter Behördenchef, der aber auch immer ein Ohr für die Nöte und Probleme seiner Mitarbeiter hatte.

Als ich 1986 das Bundeskanzleramt verließ und zur Ständigen Vertretung der Bundesrepublik Deutschland nach Ost-Berlin wechselte, habe ich ihn als engagierten Deutschlandpolitiker erlebt. Er hat mit viel Augenmaß die oft sehr schwierigen Gespräche mit der Regierung der damaligen DDR geführt. Dabei hat er es verstanden, die Balance zwischen den pragmatischen Interessen der Bundesrepublik und den Interessen der damaligen DDR-Führung zu wahren. Zu jener Zeit war die Deutschlandpolitik in der Bundesrepublik nicht sehr populär. Die DDR galt den einen als Unrechtsstaat, um den man einen möglichst großen Bogen schlagen sollte und den anderen als sozialistisches Erfolgsmodell, angeblich eines der erfolgreichsten Länder des Warschauer Paktes. Die große Mehrheit der Deutschen in der Bundesrepublik kümmerte sich relativ wenig um das Schicksal ihrer Landsleute im östlichen Herrschaftsgebiet. Es gab zu dieser Zeit in der politischen Klasse und auch bei den Medien einen breiten Konsens, dass die Teilung ein von Deutschland zu erbringender Preis für Frieden und Stabilität in Europa sei und in absehbarer Zeit nicht beendet werden könne, die Bewohner der DDR sich im Großen und Ganzen mit der Führung der DDR abgefunden hätten und man lediglich denen helfen sollte, die im offenen Konflikt mit der Führung lebten oder sogar in den Gefängnissen einsaßen. Dafür gab es das Instrument des sogenannten Häftlingsfreikaufs, das anscheinend beiden Seiten diente. Die Führung der DDR nahm dringend benötigte Devisen ein und entledigte sich unangenehmer Kritiker, die Bundesrepublik Deutschland ihrerseits konnte mittelbar über diesen »goldenen Zügel« auf die Führung der DDR Einfluss nehmen und die dringlichsten humanitären Probleme lösen.

In der Liste der politischen Prioritäten der Bundesregierung rangierte die DDR und die damit verbundene Problematik der deutschen Teilung nicht an vorderster Stelle. Die DDR-Führung galt als engstirnig und kleinkariert. Man wusste, dass sie in substantiellen Fragen nur einen begrenzten Spielraum hatte und betrachtete – zu Recht – Moskau in der Außen- und Sicherheitspolitik als ersten Ansprechpartner. Ganz anders die Sicht der DDR-Führung. Für sie war die Bonner Regierung der entscheidende Ansprechpartner außerhalb des Warschauer Paktes. Für die Ost-Berliner Führung war es von höchster Bedeutung, wie in Bonn politisch ihr gegenüber agiert wurde. Deshalb setzte sie alle legalen und nachrichtendienstlichen Mittel ein, um dies zu ergründen. Dies galt auch für die Ständige Vertretung. Als Geheimschutzbeauftragter der Vertretung konnte ich mir der besonderen Aufmerksamkeit der »Sicherheitsorgane der DDR« sicher sein.

Wolfgang Schäuble war während seiner Zeit als Chef des Bundeskanzleramtes zwar nicht für den eigentlichen Häftlingsfreikauf verantwortlich – dies oblag dem damaligen innerdeutschen Ministerium –, aber er war für die sonstigen Verhandlungen mit der DDR der entscheidende Ansprechpartner. Der »Arbeitsstab Deutschlandpolitik«, dem die Koordinierung der Deutschlandpolitik oblag, war im Bundeskanzleramt angesiedelt. So konnte er – und dies sollte sich später in der Phase der Wiedervereinigung als großer Vorteil erweisen – die Befindlichkeiten in

Ost-Berlin sehr viel besser einschätzen als viele andere westdeutsche Politiker, die nicht über diese Erfahrungen verfügten. Aus meiner Sicht in der Ständigen Vertretung, verantwortlich in der Rechtsabteilung für die Fragen des Reiseverkehrs, war Wolfgang Schäuble derjenige, der die Richtlinien der Deutschlandpolitik in seiner Zeit als Chef des Bundeskanzleramtes bestimmte. Ich erinnere mich noch gut daran, dass er es auch war, der den in jeder Hinsicht sehr schwierigen Besuch des damaligen Staatsratspräsidenten Honecker in der Bundesrepublik organisierte und betreute.

Diese frühen Erfahrungen mit dem anderen Teil Deutschlands bestimmten maßgeblich seine weiteren Aufgaben bei der Wiedervereinigung. Nachdem er 1989 zum Bundesminister des Innern berufen wurde, fiel ihm die Aufgabe zu, den Einigungsvertrag mit seinem Gegenüber, Günther Krause zu verhandeln. Dies war für beide Seiten eine außerordentlich schwierige Aufgabe, die unter großem Zeitdruck stand und bei der zum Teil die Interessen beider Seiten hart miteinander kollidierten. Eine der schwierigsten Fragen war die Regelung des Alteigentums, also die Frage, ob den von der DDR enteigneten Grundeigentümern ihre häufig seit Jahrhunderten im Familienbesitz befindlichen Güter wieder zurückgegeben werden sollten und konnten. Die schließlich auf Druck der DDR gefundene Lösung, in den meisten Fällen die Enteignungen nicht rückgängig zu machen und es bei den von der DDR-Führung geschaffenen Fakten zu belas-

43

sen, löste bei den Betroffen viel Bitterkeit aus. Ich weiß, dass Wolfgang Schäuble und Günther Krause seit diesen gemeinsamen Verhandlungen ein hoher gegenseitiger Respekt verbindet. Ich selbst glaube, dass man die Rolle Günther Krauses, der große Probleme hatte, sich im westdeutsch geprägten Politikbetrieb zurechtzufinden, bei der Gestaltung der deutschen Einheit gar nicht hoch genug einschätzen kann. Ich habe ihn später als einen der tatkräftigsten Verkehrsminister in der Geschichte der Bundesrepublik Deutschland erlebt.

Nur wenn man diese Vorgeschichte kennt, erschließen sich die Gründe des besonderen Engagements Wolfgang Schäubles für die Hauptstadtentscheidung 1991 zugunsten Berlins. Es war ja auf den ersten Blick sehr überraschend, dass sich ein badischer Politiker in der historischen Bundestagsdebatte so vehement für die ehemalige preußische Metropole Berlin einsetzte. Ich habe mit vielen Beteiligten im zeitlichen Zusammenhang mit dieser Entscheidung und auch sehr viel später darüber gesprochen. Die allermeisten haben mir bestätigt, dass sein mit großem Engagement vorgetragener Debattenbeitrag letztlich der entscheidende Wendepunkt gewesen ist. Ich glaube, dass man mit Fug und Recht sagen kann, dass ohne dieses Engagement seinerzeit diese Entscheidung für Berlin so nicht gefallen wäre. Eine Entscheidung, die man sich heute eigentlich gar nicht mehr anders vorstellen kann.

Wolfgang Schäuble ist damit einer der wichtigsten Gestalter der Deutschen Einheit geworden. Diese Zeit seiner größten Erfolge wurde überschattet durch ein Attentat im Oktober 1990. Von drei Kugeln getroffen, die hinterrücks auf ihn abgeschossen wurden, blieb er nach langem Krankenhausaufenthalt bis heute querschnittsgelähmt. Es bedurfte und bedarf einer eisernen Willenskraft, um im politischen Alltag mit dieser schweren Verletzung umzugehen. Er hat sich zum Ziel gesetzt, dass sein politisches Wirken nicht durch diese Verletzung beeinträchtigt werden darf. Dies führte während unserer gemeinsamen Zeit im Bundesinnenministerium dazu, dass ich manchmal im Hinblick auf seinen Terminkalender und die Anstrengungen, denen er sich aussetzte, den Eindruck hatte, dass man die Person Schäuble vor dem Politiker Schäuble so gut es ging ein wenig schützen müsste. Sein Terminkalender hätte schon einen völlig gesunden Minister überfordert. Nur dank seiner eisernen Disziplin, seiner Willensstärke und seiner intellektuellen Brillanz war und ist es ihm möglich, mit diesen Strapazen umzugehen.

Diese Verletzung warf einen Schatten auf seine weitere politische Karriere. Ich wage die Prognose, dass er ohne diese Verletzung mit großer Wahrscheinlichkeit ein erfolgreicher Bundeskanzler der Bundesrepublik Deutschland geworden wäre.

Mit dem früheren Bundeskanzler Helmut Kohl verbindet ihn ein besonderes Verhältnis. Einst ein langjähriger und stets loyaler Weggefährte, wurde er tief enttäuscht. Spätere Historiker werden die Frage zu klären haben, ob die ohne sein Wissen erfolgte Ausrufung zum »Kanzlerkandidaten« durch Helmut Kohl 1997 dessen wahren Absichten entsprach oder lediglich ein taktisches Manöver war, um die eigene Kanzlerschaft zeitlich zu verlängern. Die Wege trennten sich endgültig im Verlauf der sogenannten Spendenaffäre der CDU, als sich Helmut Kohl aus der Sicht Wolfgang Schäubles weigerte, seinen Teil der Verantwortung zu übernehmen. Die sogenannte Schreiber-Affäre im Zusammenhang mit dem ungeklärten Verbleib einer Parteispende zwang ihn, sein Amt als Fraktionsvorsitzender der CDU/CSU-Bundestagsfraktion und als Parteivorsitzender der CDU im Jahr 2000 niederzulegen. Diese Vorkommnisse haben dazu geführt, dass das Verhältnis Helmut Kohls und Wolfgang Schäubles bis heute irreparabel gestört ist.

Von der Regierung Schröder wurde ich nach der Wahl 1998 zum Präsidenten des Bundesnachrichtendienstes ernannt. In meine Amtszeit bis zum Jahr 2005 fielen Ereignisse, die zu tiefgreifenden historischen Umbrüchen führten, wie das Attentat vom 11. September 2001 und der Irak-Krieg 2003. Ich hatte in dieser Zeit häufiger Kontakt mit Wolfgang Schäuble als dem für die Außen- und Sicherheitspolitik verantwortlichen Stellvertretenden Fraktionsvorsitzenden, um über die Erkenntnisse und die Bewertungen des Bundesnachrichtendienstes zu berichten. Außerdem hatte ich in dieser Zeit Gelegenheit, ihm meine Vorstellung von der Modernisierung des Bundesnachrichtendienstes und den damit im Zusammenhang stehenden Umzug von Pullach nach Berlin darzulegen.

In der Phase nach der Wahl 2005 und nachdem sich abzeichnete, dass Wolfgang Schäuble im Rahmen der großen Koalition zum Bundesminister des Innern in dem neuen Kabinett unter Bundeskanzlerin Merkel berufen würde, erreichte mich der Anruf seines Büros mit der Bitte um einen Gesprächstermin. Meine Erwartung war, dass es um die Umzugsproblematik des BND ging, da sich nach der missglückten Umzugsplanung seines Vorgängers Otto Schily für das BKA Widerstand aus der CSU gegen die bisherige BND-Planung aufbaute. Umso überraschter war ich, als er mir eröffnete, dass er sich entschieden habe, mir das Amt des »Sicherheitsstaatssekretärs«, also des Staatssekretärs, der für die Sicherheits- und Ausländerpolitik im BMI zuständig ist, anzutragen. Er tat dies in einem für Wolfgang Schäuble charakteristischen Understatement. Da er von den Problemen der inneren Sicherheit »keine Ahnung« habe, brauche er jemanden, der dies für ihn organisiere. Er, der bereits einmal Bundesinnenminister gewesen war und wie kaum ein anderer Politiker sich um Fragen der äußeren und inneren Sicherheit während der Oppositionszeit gekümmert hatte, sollte »keine Ahnung« haben? Dies war offenkundig nicht ernst gemeint, aber ich begriff die Botschaft. Er wusste, dass es mir sehr schwerfallen würde, mich von der Position des BND-Präsidenten zu verabschieden und wollte mir damit signalisieren, dass er bereit war, mir persönlich zu vertrauen und dem künftigen Staatssekretär Handlungsmöglichkeiten einzuräumen. Ich erbat mir einen Tag Bedenkzeit und sagte dann am nächsten Tag, nachdem ich mich mit meiner Frau und Freunden beraten hatte, zu.

Die folgenden vier Jahre waren von harter Arbeit geprägt. Die Abwehr terroristischer Gefahren, der Aufbau des GTAZ – des Gemeinsamen Terrorismusabwehrzentrums –, die Modernisierung der Sicherheitsbehörden, die Neuorganisation der Bundespolizei sowie die Verabschiedung des BKA-Gesetzes und des Zuwanderungsreformgesetzes waren in den folgenden vier Jahren für mich die beherrschenden Themen. Wolfgang Schäuble kam sehr entgegen, dass für die Arbeit des BMI und der Sicherheitsbehörden der europäische Rahmen und die Zusammenarbeit mit unseren europäischen Partnern in der EU immer wichtiger wurden. Hier waren ihm seine reichen Erfahrungen in der Europa- und Außenpolitik von Nutzen. Daraus ergaben sich im Alltagsbetrieb die entsprechenden Schwerpunkte, der Minister nahm im Rahmen seiner Gesamtverantwortung für das Ressort schwerpunktmäßig selbst die europäischen Termine war und kümmerte sich um die Kontakte zum Parlament. Einen besonderen Schwerpunkt setzte er auf die Integration der Muslime in Deutschland. Die Gründung der »Islamkonferenz«, eines Gesprächsforums mit den Repräsentanten der Muslime in Deutschland, war ihm ein besonderes Anliegen.

In der jahrelangen Zusammenarbeit mit ihm und aus der öffentlichen Wahrnehmung seines Wirkens, habe ich den Eindruck gewonnen, dass es kaum einen anderen Politiker gibt, an dem sich die politischen Gegner so reiben konnten wie an ihm. Jede Äußerung wurde darauf abgeklopft, ob man daraus nicht wieder Material für das Zerrbild eines unerbittlichen »Sicherheitssheriffs« gewinnen konnte, der im Interesse der Terrorbekämpfung und der inneren Sicherheit bedenkenlos rechtsstaatliche Normen und Prinzipien in Frage stellt. Wenn er im Zusammenhang mit den gezielten Tötungen von Terroristen oder Terrorverdächtigen durch Dienststellen der USA in Pakistan und Afghanistan die Frage stellte, ob man nicht das Völkerrecht mit dem Ziel weiterentwickeln müsse, derartige Sachverhalte zu regeln und in Anlehnung an das Kriegsvölkerrecht auch unter bestimmten Voraussetzungen die Tötung von Terroristen erlauben müsse, wurde daraus sofort hergeleitet, »Schäuble fordert die rechtliche Möglichkeit der Tötung von Terroristen ohne Prozess«. Um das Zerrbild zu vervollständigen, wurde dann auch noch in der Medienberichterstattung unterschlagen, dass sich seine Äußerungen auf Vorgänge in Afghanistan und den Stammesgebieten an der pakistanisch-afghanischen Grenze bezogen, also um Gebiete, die Schauplatz offener militärischer Auseinandersetzungen waren und eben nicht um Sachverhalte in Deutschland oder Europa.

Wolfgang Schäuble ist auch als Politiker Jurist geblieben. Er ist entschieden der Meinung, dass sich staatliches Handeln in einem strikt rechtsstaatlich geregelten Rahmen bewegen muss. Der berühmte Satz eines Innenministers aus der Frühzeit der Bundesrepublik Deutschland »Der Notstand ist die Stunde der Exekutive« oder der im Zusammenhang mit der Hamburger Flutkatastrophe zur Legitimation des Handelns des damaligen Innensenators Helmut Schmid zitierte Satz »Not kennt kein Gebot« sind ihm ein Gräuel. Dies dürfte auch der Grund gewesen sein, dass er immer wieder auch öffentlich die Meinung vertreten hat, dass das Grundgesetz mit dem Ziel ergänzt werden sollte, die Möglichkeit zu schaffen, die Bundeswehr in gesetzlich festgeschriebenen Fällen über den bisherigen Umfang für Zwecke der inneren Sicherheit einsetzen zu können. Er hielt das noch aus den Wirren der Weimarer Republik stammende Vorurteil, die Bundeswehr könne einen derartigen Einsatz machtpolitisch missbrauchen, für historisch überholt und in Anbetracht der heutigen Legitimation der Bundeswehr und ihrer Stellung in Staat und Gesellschaft für anachronistisch. Mein Eindruck war, dass sich in dieser Frage nichts bewegt, so lange wir das große Glück haben, in einem sicherheitspolitischen »Schönwetterstaat« zu leben. So lange wird diese Diskussion fast mit »Pawlowschen Reflexen« geführt, die einen fordern es, die anderen lehnen dies sofort ab. Ich hoffe nur, dass wir uns diese Art der Diskussion noch lange leisten können, die man im übrigen Europa mit Staunen verfolgt. In Staaten wie Großbritannien oder Frankreich, von unseren kleineren Nachbarn Österreich und der Schweiz ganz abgesehen, wäre die Vorstellung, dass man im Ernstfall nicht auf die eigenen Soldaten zur Wahrung auch der inneren Sicherheit zurückgreifen kann, nicht zu vermitteln.

Das strenge Mantra Schäubles, dass exekutives Handeln stets einer Rechtsgrundlage bedarf, gilt für ihn auch für Maßnahmen der westlichen Welt und vor allem der USA im Antiterrorkampf. Sie bedürfen nach seiner Auffassung einer klaren völkerrechtlichen Rechtsgrundlage. In diesen Fragen vertritt Wolfgang Schäuble keine konservativen oder gar reaktionären Positionen, wie seine Gegner glauben machen wollen, sondern er ist in Wirklichkeit ein strikt rechtsstaatlicher Liberaler, der allerdings der Meinung ist, dass der Staat über hinreichende Mittel verfügen muss, die Sicherheit seiner Bürger zu gewährleisten. Deshalb ergab (und ergibt sich) die paradoxe Lage, dass er es für dringend erforderlich hält, dass sich auch die Maßnahmen zur Bekämpfung des Terrorismus in einem strikt rechtlich geregelten Rahmen bewegen müssen. Er hat deshalb die sogenannte Schwielowsee-Initiative gestartet, bei der die Innenminister der wichtigsten europäischen Länder mit den USA über die Fortentwicklung des Völkerrechts im Lichte des Antiterrorkampfes berieten. Seine Gegner wiederum erblickten in diesen Bemühungen den Versuch, den Rechtsrahmen des Antiterrorkampfes immer mehr auszuweiten und verdächtigten ihn, in maßloser Weise individuelle Freiheitsrechte einzuschränken. Die

Frage, wie denn die gegenwärtigen Maßnahmen der USA und ihrer Verbündeten im Antiterrorkampf rechtlich einzuordnen sind, interessiert diese Kritiker wenig oder gar nicht. Sie halten entweder sämtliche Maßnahmen pauschal für ohnehin unzulässig oder gehen über Rechtsfragen dieser Art mit einem Achselzucken hinweg. Ich bin sicher, dass Wolfgang Schäuble in diesen Fragen sehr viel rechtsstaatlicher denkt als viele seiner Kritiker.

Aus dem Streben nach strikter Rechtsstaatlichkeit im Sinne einer gesetzlichen Regelung erklären sich auch andere Äußerungen und Forderungen Wolfgang Schäubles; etwa zu dem Problem des Luftsicherheitsgesetzes (darf die Exekutive unter bestimmten Voraussetzungen als terroristische Waffe eingesetzte Flugzeuge abschießen?); oder die Frage, ob man zum Zweck der Gefahrenabwehr auch Informationen verwenden darf, die in Staaten gewonnen wurden oder die aus Staaten stammen, deren Staatspraxis nicht unseren rechtsstaatlichen Kriterien entspricht. Wolfgang Schäuble hat hier immer der Versuchung widerstanden, moralisch scheinbar einfache – im Sinne Max Webers »gesinnungsethische« – Lösungen vorzuschlagen, sondern ist immer den sehr viel schwierigeren Weg gegangen, die unterschiedlichen Interessen und Gesichtspunkte »verantwortungsethisch« rechtlich auszubalancieren.

Mehr als einmal habe ich auch von durchaus wohlmeinenden Abgeordneten der eigenen Partei den Seufzer gehört: Musste er dies denn jetzt auch noch ansprechen? Haben wir nicht schon Konflikte genug? Aber hier war und ist Wolfgang Schäuble ganz unbeirrt. Anstatt »pragmatisch« die Dinge zu sehen und möglichst konsensstiftend voranzugehen, hielt er in für ihn wichtigen Grundsatzfragen einen öffentlichen Diskurs durchaus für hilfreich, ja, durch gelegentliche Überspitzungen liebte er es, seine innenpolitischen Kritiker zu provozieren.

Ein besonderes Problem besteht im Bereich der Inneren Sicherheit in der Rechtsprechung des Bundesverfassungsgerichts. In der Leitung des Bundesinnenministeriums hatten wir immer wieder Anlass, darüber zu diskutieren. Vielleicht zunächst einige Worte zum Verhältnis der Berliner Politik zum Verfassungsgericht in Karlsruhe. Als BND-Präsident war ich häufiger in der Verlegenheit, ausländischen Gästen die Rolle unseres Verfassungsgerichts zu erläutern. Das Bundesverfassungsgericht ist wohl die einzige staatliche Institution – vergleichbar nur mit den Medien im nichtstaatlichen Bereich – deren Verhalten keiner institutionellen Kontrolle unterliegt. Das Grundgesetz gibt dem Gericht bei extensiver Auslegung einzigartige Möglichkeiten. Es kann Gesetze außer Kraft setzen, dem Gesetzgeber Weisungen erteilen, Fristen setzen, ja, sich sogar an die Stelle des Verfassungsgesetzgebers setzen und neue Grundrechte wie das Grundrecht auf informationelle Selbstbestimmung schaffen. Eine derartige Rolle wäre in einem Land mit einem selbstbewussten Parlament, wie zum Beispiel in Großbritannien, undenkbar.

Die einzige faktische Kontrolle des Bundesverfassungsgerichts besteht in der medialen Wahrnehmung. Entgegen allen Beteuerungen aus Karlsruhe verfolgt man dort die Medien sehr genau und reagiert auf Kritik sehr empfindlich. Aber in der Praxis – wenn man von Ausnahmen wie dem sogenannten Kruzifix-Urteil absieht – wird das Gericht von den Medien mit außergewöhnlichem Wohlwollen wahrgenommen. Die jeweils obsiegende Partei lobt das Gericht in den höchsten Tönen, schließlich hat man endlich die Bestätigung dafür, dass diese oder jene Regelung der Verfassung widerspricht. Erstaunlicherweise lobt aber auch in der Regel die unterlegene Partei das Gericht, häufig mit der Begründung, dass man nunmehr endlich Klarheit über die umstrittene Frage habe. Und die Politiker, die sich ja eigentlich über die Begrenzung ihrer Gestaltungsspielräume ärgern müssten, freuen sich ebenfalls, weil sie ja nunmehr eine klare Wegweisung für die Zukunft haben. Kritik wird eigentlich nur in kleinem Kreis und schon gar nicht öffentlich geäußert.

Auf die Frage, wie es dazu kommen konnte, dass das Gericht eine derartige Stellung in der deutschen Politik und Gesellschaft gewinnen konnte, habe ich eigentlich nur eine – zugegebenermaßen etwas eigenwillige – Antwort: Im Grunde ist uns Deutschen die Parteipolitik zuwider. Wir akzeptieren zwar die Parlamente, mögen aber nicht den Streit. Nicht umsonst ist das Wort »Parteipolitik« ein Schimpfwort. Wir mögen es, wenn Entscheidungen »überparteilich«

und scheinbar objektiv getroffen werden. Eigentlich sehnen wir uns nach einem Souverän, der den Konsens verkörpert und verbindlich, sozusagen »ex cathedra«, entscheidet. Diese Vorstellung bedient in nahezu idealer Weise das Bundesverfassungsgericht, das in der Vergangenheit in einigen Fällen durchaus segensreich gewirkt hat, indem es gesellschaftliche Konflikte entschärft und befriedet hat. Kritisch wird es aus meiner Sicht dann, wenn sich das Bundesverfassungsgericht aus dem Elfenbeinturm relativ abstrakter Abwägungsprozesse konkret in die Mühen der Ebene begibt, wie dies in vielen Entscheidungen im Sicherheitsbereich der Fall ist.

Das Bundesverfassungsgericht verfolgt in seiner Rechtsprechung die Grundlinie, dass die Sicherheitsbehörden grundsätzlich die Freiheit der Bürger bedrohen und deshalb jede Maßnahme strikt auf die Verhältnismäßigkeit geprüft werden muss. Man kann über diese Grundthese trefflich streiten. Ich halte diese These zwar in Anbetracht der besonderen deutschen Geschichte für historisch verständlich, aber unter den heutigen Rahmenbedingungen für durchaus fragwürdig. Ich glaube, dass die bürgerlichen Freiheiten dieses Landes nicht in erster Linie von den Sicherheitsbehörden, sondern von Terroristen, Hackern und Kriminellen jeder Couleur bedroht werden. Aber lassen wir einmal dahingestellt, welche Auffassung zutrifft, und schauen uns die Rechtsprechung an. Sie ist mir im Sicherheitsbereich persönlich zum

ersten Mal bei dem sogenannten Verbrechens-
bekämpfungsgesetz 1998 begegnet.

Als ganz frisch in das neue Amt des BND-Präsidenten Berufener hatte ich die Aufgabe, vor dem
Bundesverfassungsgericht die Interessen der Sicherheitsbehörden zu vertreten. Das Verfahren trug – mit
einigem Abstand betrachtet – fast satirische Züge.
Dem BND war mit dem Gesetz eine Aufgabe zuge-
wiesen worden, die seinem Charakter als Nachrich-
tendienst eigentlich fremd war. Der BND will in
erster Linie aufklären, nicht aber Verbrechen bekämpfen. Die Parlamentarier hatten darüber hinaus
bei den parlamentarischen Beratungen – wie in solchen Fällen nicht unüblich – Kompromisse geschlos-
sen, die der Kohärenz des Gesetzes durchaus abträg-
lich waren und Ansatzpunkte für Kritik lieferten.
Kläger waren nach meiner Erinnerung unter anderem
ein Journalist aus Uruguay und ein Rechtsprofessor
aus Hamburg. Allen Klägern war gemeinsam, dass
sich der BND als Auslandsnachrichtendienst für sie
überhaupt nicht interessierte. Die Abgeordneten, die
für die mangelnde Qualität einzelner Passagen des
Gesetzes verantwortlich waren, waren persönlich
nicht anwesend. Das Gericht fühlte sich bemüßigt, in
eine breite Sachverhaltsaufklärung mit einer bunten
Schar von mehr oder weniger qualifizierten Sachverständigen – vom Chaos Computer Club bis zu
Mathematikprofessoren – zur Prüfung der Fähigkeiten des BND bei der Funkaufklärung einzusteigen, einem komplexen Feld, das sich erkennbar nicht für die

56

öffentliche Verhandlung eignete. Gleichwohl sah sich der BND gezwungen, in einem Umfang über seine Fähigkeiten bis hin zur Dechiffrierung verschlüsselter Kommunikationsverkehre zu berichten, wie dies wohl in keinem anderen westlichen Land denkbar gewesen wäre. Ich habe meine Mitarbeiter und mich damit getröstet, dass der Nutzen für andere Dienste – oder der Schaden für den BND – dadurch begrenzt würde, dass sich außerhalb Deutschlands wohl niemand ernsthaft vorstellen könne, dass der BND über seine Fähigkeiten in diesem Bereich wahrheitsgemäß öffentlich Auskunft geben würde. Gleichwohl führten die für eine effiziente Funkaufklärung unabdingbaren Geheimhaltungsinteressen des BND dazu, dass Behauptungen von sogenannten Sachverständigen über mögliche Fähigkeiten oder Aktivitäten im Interesse der Geheimhaltung nicht substantiell widerlegt werden konnten. Dies alles vor einem Gericht, das sich ebenfalls sehr schwertat, sich über dieses komplexe Gebiet einen Überblick zu verschaffen.

Ein anderes Verfahren, bei dem ich persönlich als Vertreter einer Partei in Karlsruhe anwesend war, hatte die sogenannte Online-Durchsuchung zum Gegenstand. Also die Frage, unter welchen Voraussetzungen Sicherheitsbehörden in IT-Systeme Verdächtiger eindringen dürfen. Das Gericht hatte sich zu diesem Zweck ein handwerklich ziemlich missglücktes nordrhein-westfälisches Landesgesetz ausgesucht, um – da eine Regelung in einem Bundesgesetz (BKA-Gesetz) anstand – hier eine »grundsätzliche Entscheidung«

zu fällen. Auch dieses Verfahren war recht merkwürdig. Aus meiner Sicht obliegt dem Verfassungsgericht eine nachlaufende Kontrolle, das heißt zunächst ist der Gesetzgeber am Zuge. Aus guten Gründen – nicht zuletzt aufgrund des Drängens des Bundesverfassungsgerichts – wurde das ursprünglich im Gesetz über das Bundesverfassungsgericht vorgesehene Institut des »Gutachtens« zu bestimmten verfassungsrechtlichen Fragen abgeschafft. De facto begab sich das Gericht aber in diesem Verfahren – bezogen auf den Bund – in diese Rolle. Als ich im Rahmen von gesetzgeberischen Beratungen gegenüber den verantwortlichen Abgeordneten der Regierungskoalition darauf hinwies, dass das Bundesministerium des Innern unter Einbeziehung der Verfassungsabteilung diese Frage geprüft und einen – aus unserer Sicht – verfassungsgemäßen Vorschlag erarbeitet hätte, wurde mir geantwortet, dass man diesen Weg nicht gehen wolle, sondern zunächst die »Entscheidung in Karlsruhe« abwarten wolle. Dies war eine Flucht aus der Verantwortung, die deutlich ein Problem aufzeigt: Je mehr das Gericht sich an die Stelle des Gesetzgebers setzt, desto größer wird die Tendenz, sich dort zurückzulehnen und schwierige Entscheidungen »den Karlsruhern« zu überlassen. Eine Rolle, die aus meiner Sicht ein Verfassungsgericht überfordert. Ohne dass ich hier in die Sache einsteigen möchte – sie ist öffentlich hinreichend diskutiert worden –, wurde mir auch bei diesem Verfahren deutlich, wie begrenzt die Fähigkeiten und Möglichkeiten zur Sachaufklärung eines Gerichts bei einer so komplexen Fragestellung sind.

Bezogen auf die Rechtsprechung zum Sicherheitsbereich ergeben sich in der Praxis folgende Probleme:

1. Das Bundesverfassungsgericht verfügt – verglichen mit Parlament und Regierung – nicht über den notwendigen Sachverstand und hat auch nur begrenzte Möglichkeiten diesen Sachverstand zu mobilisieren. Es verfügt nicht über die Erkenntnisse des Regierungsapparates bei der Vorbereitung eines Gesetzentwurfs, nicht über das Instrument einer öffentlichen Anhörung und schließlich fehlt es auch an einem öffentlichen Diskurs über das Für und Wider einer Entscheidung.

2. Bei jedem Gesetzgebungsverfahren spielen die möglichen Folgen einer gesetzgeberischen Regelung, spielt die Frage, welche Konsequenzen sich aus dieser oder jener Entscheidung ergeben, eine sehr wichtige Rolle. Dies kann ein Gericht – wenn überhaupt – nur sehr unvollkommen leisten. Dazu nur ein Beispiel: Mit der Regelung zur Wohnraumüberwachung hat das Gericht dieses Instrument faktisch den Ermittlungsbehörden genommen. Mit dieser Regelung sind wir in Deutschland international weitgehend isoliert. Wohnraumüberwachungen waren und sind in nahezu allen wichtigen Verfahren gegen die Mafia in den USA und in Italien ein wichtiges Beweismittel, weil man nur unter großen Schwierigkeiten Zeugen findet und die Beteiligten in der Regel auch sehr konspirativ miteinander technisch kommunizieren. Dies bedeutet, dass die organisierte Kriminalität keinen

besseren Ort zur Verabredung von Straftaten finden kann als Deutschland.

3. Gerade im Sicherheitsbereich eignen sich bestimmte Sachverhalte nicht zur öffentlichen Erörterung. Das Gericht verfügt aber über keinerlei Instrument zur Sicherung vertraulicher Informationen. Dies bedeutet, dass geheimhaltungsbedürftige Informationen, die für die Bewertung eines dem Gericht unterbreiteten Sachverhalts von Bedeutung sein können, nicht in das Verfahren eingeführt werden können.

4. Zentraler Abwägungsgesichtspunkt bei der Prüfung der verfassungsrechtlichen Zulässigkeit von Sicherheitsgesetzen ist der Grundsatz der Verhältnismäßigkeit. Das bedeutet, dass sich die Zulässigkeit eines Eingriffs letztlich an der Frage der Erforderlichkeit bemisst, die wiederum von der Entwicklung der Sicherheitslage abhängig ist. Je gravierender die Gefahrenlage, desto größer die Legitimität des Eingriffs zur Abwehr der Bedrohung. Gefahrenlagen können sich aber sehr dynamisch entwickeln. Urteile wirken dagegen im Rahmen der nachlaufenden Kontrolle eher statisch. Das Gericht ist aber bei gewandelten Gefahrenlagen nur dann in der Lage, seine Rechtsprechung zu korrigieren oder aufzuheben, wenn es mit einem entsprechenden Fall befasst ist.

5. Das Gericht wird in der Regel im Sicherheitsbereich aufgrund von Verfassungsbeschwerden mit der Gesetzesmaterie befasst. Es geht deshalb in den Verfahren um die Frage, ob der mit dem Gesetz verbundene Eingriff in die Grundrechte noch verfas-

sungsrechtlich legitimiert ist oder die zulässigen Grenzen für den Eingriff nach der Auslegung des Bundesverfassungsgerichts überschritten worden sind. Die Frage, ob die Gesellschaft durch diese oder jene Maßnahme ausreichend geschützt ist, ob die Belange der inneren Sicherheit hinreichend gewahrt werden, wird nur mittelbar geprüft. Hier stellt sich – wie bei jeder Rechtsprechung, die Wirkungen über den Einzelfall hinaus entfaltet – die Frage, wer für die Konsequenzen und die möglicherweise aufgrund der Spruchpraxis entstehenden Defizite bei der Wahrung der inneren Sicherheit letztlich die Verantwortung trägt. In der Staatspraxis und in der öffentlichen Diskussion sind dies stets die Regierung und die Sicherheitsbehörden. Aber die Effizienz von Sicherheitsbehörden, denen wichtige Instrumente – ich denke an die aktuelle Diskussion über die Zulässigkeit der Vorratsdatenspeicherung – aus der Hand geschlagen werden, nimmt zwangsläufig Schaden. Bisher gehört es zum politischen Komment in der Bundesrepublik Deutschland, dass die Sicherheitsbehörden, die inzwischen zahlreichen Beschränkungen ihrer Möglichkeiten hinnehmen müssen, nicht mit dem Finger auf diejenigen zeigen, die ihre Instrumente, sei es gesetzgeberisch oder durch ihre Spruchpraxis, gravierend einschränken und eingeschränkt haben. Mir ist bei allen Diskussionen immer wieder aufgefallen, dass bei jedem wirklichen oder angenommenen Fehlverhalten von Sicherheitsbehörden diejenigen am lautesten Kritik üben, die sich vorher die größte Mühe gegeben haben, die Arbeit der Sicherheitsbehörden durch mannigfaltige Restriktionen zu erschweren.

6. Aus guten Gründen spielt deshalb der Grundsatz des »judicial self restraint«, also der richterlichen Zurückhaltung, in der Entscheidungspraxis des obersten Gerichts der USA eine wichtige Rolle. Schmerzlich vermissten wir im Bundesinnenministerium unter den Richtern des Bundesverfassungsgerichts Praktiker mit Verwaltungserfahrung. Durch die überproportionale Besetzung des Gerichts mit Hochschullehrern fehlt es zuweilen an dem Bezug zur Praxis und die häufig sehr ausführlichen Urteilsbegründungen drohen den Charakter von akademischen Abhandlungen anzunehmen.

Bei aller Kritik an manchen Entscheidungen des Bundesverfassungsgerichts hat sich Wolfgang Schäuble – haben sich aber auch alle anderen Vertreter des BMI – mit öffentlicher Kritik am Bundesverfassungsgericht zurückgehalten. Nur gelegentlich – wenn sich Bundesverfassungsrichter als »Privatpersonen« öffentlich zu politischen Sachverhalten äußerten, hat er dies mit der lakonischen Bemerkung kommentiert, wer Politik machen wolle, solle sich in das Parlament wählen lassen. Damit hat er aber einen wunden Punkt berührt. In der Tat kann man sehr daran zweifeln, ob das bisherige Auswahlverfahren für Bundesverfassungsrichter in Anbetracht der Bedeutung des Gerichts die Mitglieder der Senate tatsächlich hinreichend legitimiert. Außerdem bin ich entschieden der Meinung, dass sich aktive Mitglieder des Bundesverfassungsgerichts mit öffentlichen Äußerungen zurückhalten sollten, die bei jedem anderen Gericht sofort die Besorgnis der Befangenheit begründen würden.

Bisher noch jeder Bundesinnenminister hat sich – ob von Haus aus oder erst im Ministerium dazu geworden – zu einem Fan des Sportes entwickelt. Bei Wolfgang Schäuble bedurfte es keiner »Anwärmphase«. Er war vor seiner Verletzung ein begeisterter Sportler. Es war ihm anzumerken, dass ihn der Sport, seine Förderung, aber auch Probleme wie das Doping, in besonderer Weise berührten. Ein Höhepunkt war die Fußballweltmeisterschaft 2006, wo wir uns als Gastgeber bewährten und ich kann mich noch an unsere Erleichterung erinnern, als die Weltmeisterschaft vorbei war und sich zeigte, dass wir die Sicherheitslage jederzeit »im Griff« hatten. Erst später wurden wir uns bei der Vernehmung der sogenannten Kofferbomber aus dem Libanon bewusst, wie nahe wir an einem terroristischen Anschlag während der Fußballweltmeisterschaft gewesen waren. Es hat mich mit Genugtuung erfüllt, dass die Täter bei ihrer Vernehmung erklärten, dass sie eigentlich den Anschlag während der Fußballweltmeisterschaft ausführen wollten, dies ihnen aber wegen der umfangreichen Sicherheitsvorkehrungen zu risikoreich erschien und sie deshalb ihr Vorhaben auf wenige Wochen nach diesem Ereignis verschoben.

Wolfgang Schäuble sieht sich nicht nur als deutscher, er sieht sich auch als europäischer Politiker. Die europäische Einigung, die fortschreitende Integration Europas ist ihm ein überragend wichtiges Anliegen. Dies ist sein politischer Kompass. Ich glaube, dass es keinen anderen aktiven Politiker gibt, der so den europäischen Gedanken unterstützt wie Wolfgang Schäuble. Auch hier spielt sicher seine Herkunft aus Baden, unweit der Grenze zum Elsass, eine wichtige Rolle. Insoweit teilt er diese Grundüberzeugung mit Helmut Kohl, ja mit einer ganzen Nachkriegsgeneration deutscher Politiker. Dafür ist er bereit, auch den einen oder anderen Kompromiss einzugehen, der im Einzelfall deutsche Interessen nicht immer optimal berücksichtigen mag. Er sieht mehr die ganze Richtung. Hier ist ihm die Entwicklung in Europa wichtiger als – wie er es empfinden würde – ein kleinkariertes Beharren auf dieser oder jener nationalen Position. Er sieht in vielen Fragen eine strategische Identität zwischen deutschen und europäischen Interessen und verweist darauf, dass die europäische Einigung Deutschland über Jahrzehnte hinaus Frieden und Wohlstand beschert hat.

Ich wünsche Wolfgang Schäuble im Interesse unseres Landes – in welcher Funktion auch immer – weiterhin viel Kraft und Fortune, damit er den Strapazen seiner Ämter gewachsen bleibt.

Gegenseitige Bedingung und bedingungslose Gegenseitigkeit.

Freundschaftliche Gedanken über einen europäischen Deutschen und deutschen Europäer

Von Jean-Claude Juncker

Europa ist eine einzige und einzigartige Wiedervereinigung und Versöhnung. Zunächst einmal mit sich selbst und seiner eigenen Geschichte. Dann auch zwischen Deutschland – zunächst nur Westdeutschland – und Frankreich. Bis heute ist die auch von Frankreich-Liebhaber Wolfgang Schäuble hoch geschätzte Freundschaft zwischen Berlin und Paris entscheidend für das Vorankommen in der Europäischen Union. Allerdings nur, wenn sie nicht nur nationale Interessen, sondern auch das »große Ganze« (Helmut Kohl) im Blick hat. Nur, wenn die deutsch-französische Freundschaft in Partnerschaft mit den anderen 25 EU-Mitgliedstaaten stattfindet. Nicht zuletzt auch mit den kleinen unter ihnen. Dies war in der jüngsten Vergangenheit nicht immer der Fall. Europa hat unter diesem fehlenden Bewusstsein für das große Ganze gelitten. Die Menschen in Europa haben darunter gelitten. Deutschland und Frankreich auch.

Gleichwohl ist der Bau des Hauses Europa im eigentlichen Sinne keine Wiedervereinigung. Eher schon eine vollkommen neue friedliche Vereinigung mit dem kontinentalen Frieden als Hauptzweck, mit Wirtschaft und Binnenmarkt als Mittel, mit Verträgen und revolutionär neuen überstaatlichen Institutionen als Instrumenten. Vor allem aber mit dem unbeirrbaren politischen Einheitswillen der Gründerväter. Und mit einem tief in der europäischen Zivilisationsgeschichte verankerten humanistischen Geist, dem nichts wichtiger war und ist als die bereits in Artikel 1 des deutschen Grundgesetzes definierte unantastbare Würde der menschlichen Person.

Denn Europa ist nicht nur ein von internationalen Verträgen definierter politisch-rechtlicher Raum von Nationalstaaten, nicht nur der westlichste Teil Eurasiens, nicht nur gemeinsame, dichte, schwierige Geschichte zumeist von zerstörerischen Kriegen, nicht nur eine bahnbrechende Idee von Frieden und Freiheit, Recht und Demokratie. Europa, das sind in erster Linie die Menschen, die Europäer selbst! Vielleicht, weil die Menschen zu oft in den ersten Linien der nationalstaatlichen Kriegsheere standen, stehen mussten. Deshalb sehnen sich die Menschen seit der griechischen Antike nach einem weitsichtigen, großzügigen, menschlichen Europa. Im Mittelalter war Europa dann ein Privileg des Adels. In der Moderne und Postmoderne wurde es zum Privileg der nationalstaatlichen Regierungen und Verwaltungsapparate. Von der Montanunion und den Römischen Verträgen über die Einheitliche Europäische Akte und den Vertrag von Maastricht bis hin zum gescheiterten Verfassungsvertrag und zum neuen Vertrag von Lissabon wurde es zum Privileg einer gewissen Elite. Europa ist heute zu paternalistisch für das Politikverständnis im 21. Jahrhundert. Vielleicht ist dies ja ein Grund für die gefährliche Europa- und Politikverdrossenheit. Mit Sicherheit ist es auch ein Grund für das Fehlen eines europäischen Demos. Und somit auch für die Schwierigkeiten beim Bau einer Polis als Hausgemeinschaft einer vielfältigen europäischen Familie. Jean Monnet behält im Nachhinein Recht: Europa muss sich auch kulturell erneuern. Vor allem in seiner politischen Kultur.

Ein zentrales Legitimationsproblem der Europäischen Union ist in einer kritischer werdenden Bürgergesellschaft die politisch-kulturelle und wirtschaftlich-soziale Vernachlässigung seiner Bürger. Wir haben als politische Klasse – diesen Klassengeist müssen wir überwinden – die Menschen beim Bau des realexistierenden Europas nicht immer mit auf die oft realitätsfernen Baustellen genommen. Und auch die oftmals zu komplizierten juristischen Baupläne haben wir zu sehr dem kleinsten gemeinsamen Nenner unterworfen. Und diese auch noch schlecht erklärt. Nicht zuletzt deshalb fällt es vielen Europäern schwer, sich in den EU-Baukomplex über, zwischen und unter den Nationalstaaten zu verlieben. Die einst so erfolgreiche funktionalistische Monnet-Schuman-Methode hat ihre politische Leistungsgrenze erreicht.

Wir müssen das politische System Europa heute demokratischer, transparenter, effizienter gestalten. Und wir müssen wieder besser über Europa sprechen. Nur wenn wir die Menschen wieder auf unserem europäischen Weg mitnehmen, können sie auch das Haus Europa erreichen und auch dort einziehen.

Europa muss wieder ein Mehrfamilienhaus mit menschlicheren Dimensionen werden, das Vergangenheit und Zukunft, das vor allem aber Menschen miteinander verbindet. Dies schaffen wir nur, wenn sich die Menschen im gemeinsamen Haus wohlfühlen. Wenn es ihr Zuhause wird! Das gemeinsame Haus Europa muss also wieder zum gemeinsamen Haus der Europäer und Europäerinnen werden. Auch Jean Monnet und Robert Schuman haben dies immer wieder betont. Doch ihr Vermächtnis der »réalisations concrètes créant d'abord des solidarités de fait« wurde nicht immer respektiert. Ein gemeinsames Haus bedeutet auch eine gemeinsame politische Landschaft – vor allem die Parteien müssen hier verstärkt europapolitische Verantwortung übernehmen – sowie eine gemeinsame Zivilgesellschaft.

Allerdings reicht dies nicht aus: Europäische Politikgestaltung muss wieder zu ihren politischen und geistigen Wurzeln zurückfinden. Und das sind – bei aller Hochachtung für ihre unbestreitbare historische Leistung – nicht nur die Gründerväter des europäischen Gedankens und der europäischen Einigung. Nein, es sind vor allem die Millionen Europäer, die mitten im und direkt nach dem Zweiten Weltkrieg in

Deutschland, in Frankreich, in Luxemburg und anderswo in Europa nie wieder Krieg auf europäischem Boden wollten. Und die instinktiv und gemeinsam in den Konzentrationslagern, auf den Schlachtfeldern, auf den Soldatenfriedhöfen, in den Trümmern des alten Europas der nicht funktionierenden Machtgleichgewichte der Reiche, Imperien und Nationalstaaten erkannt haben, dass Nationalismus, um es mit dem ehemaligen französischen Präsidenten François Mitterrand zu sagen, letztlich immer zu Krieg und Leid führt. Die wahren Gründerväter, Gründermütter, Gründerkinder Europas waren diese sogenannten einfachen Menschen. Sie müssen wieder zu den wahren Stiftern und Trägern der europäischen Idee werden. Nur so können wir Europa anziehend, liebenswert, zukunftsfähig machen.

Denn Europa ist nicht nur Sache des Verstands, sondern vor allem des Herzens. Die Menschen müssen erneut an Europa glauben. Die Bedeutung europäischer Symbole ist dabei nicht zu unterschätzen. Auch im 21. Jahrhundert braucht Europa neue, europäische und weltoffene Patrioten, die letztlich – so hat es bereits im 19. Jahrhundert Victor Hugo gesagt – die Menschheit als »nation définitive« ansehen. Mit dieser Einsicht im 20. Jahrhundert wäre der Welt unendlich viel Leid erspart geblieben! Ein herausragender europäischer Patriot ist Wolfgang Schäuble. Seit mehr als 30 Jahren betreibt er deutsche und zugleich immer auch europäische Politik. Dabei ist der promovierte Jurist immer einfacher Europäer geblieben. Bis heute kann sich der erfahrene Politprofi, der auch die hohe Kunst der Polemik beherrscht, immer wieder mit einer bewundernswerten kindlichen Freude für die Idee Europa begeistern. Deshalb kann er auch andere Menschen – und zwar selbst gestandene Staats- und Regierungschefs – für die gemeinsame europäische Sache begeistern. Auch, weil der Literaturliebhaber – bei aller mahnenden Vorsicht – ein grundsätzlicher Optimist, ein in sich zufriedener Mensch und eben kein »Schwarzseher« ist. Gerne bemüht er etwa Friedrich Hölderlin mit dem Satz: »Wo aber Gefahr ist, wächst das Rettende auch!« Eine richtige, kluge, willkommene Botschaft in die Schwarzmalerei der gegenwärtigen Schuldenkrise hinein.

Über dieses Grundvertrauen verfügen nicht mehr viele in Europa. Ja, es ist düster geworden im Hause Europa. Vielleicht, weil sich niemand mehr einfach über Europa und seine einzigartigen Leistungen freuen kann. Vielleicht, weil nicht mehr viele an Europa glauben! Vielleicht, weil es modisch und gewinnbringend geworden ist, Europa als Sündenbock durch die nationalen Hauptstädte zu treiben. Vielleicht, weil manche der Union nicht den Glanz des politischen Erfolgs und die Macht der politischen Mittel gönnen. Vielleicht, weil sich die westliche Welt mitten in einer politisch-sozialen, aber auch in einer geistig-moralischen Sinnkrise befindet. Gerade Wolfgang Schäuble verweist immer wieder auf das ethische Fundament von Politik und Wirtschaft. Auch deshalb will der deutsche Finanzminister mit einer Finanztransaktionssteuer vorangehen. Eine richtige Idee, die allerdings noch einiges an Feinabstimmung braucht.

Die gegenwärtige Staatsschuldenkrise in der Eurozone ist vor diesem Hintergrund letztlich nur ein Symptom. Jedenfalls ist es keine Krise des Euro, der auch mehr als zehn Jahre nach seiner Einführung Friedenspolitik mit anderen Mitteln bleibt und bleiben wird. Zugleich ist er Wiedervereinigung mit anderen Mitteln. Und eine der wenigen »réalisations concrètes« des Maastricht-Prozesses. Allerdings tut sich die Europäische Union heute schwerer mit Spillover-Effekten. Integrationsfortschritte benötigen den entsprechenden politischen Willen auch zu einer politischen Union. Die Zustimmung der Bürger ist hierfür gleichfalls unerlässlich. Gleichzeitig war und ist der Euro der eigentliche Schutzschirm für Politik und Wirtschaft, vor allem aber für die Menschen und ihre Arbeit in der Finanz- und Wirtschaftskrise. Manche Politiker scheinen dies im Zuge einer gefährlichen intergouvernementalen Renationalisierung vergessen zu haben. Vor allem in Deutschland, in großen Teilen seiner politischen Führung, in seiner veröffentlichten und ausgestrahlten Meinung gibt es eine regelrechte Europhobie. Dies tut dem Euro nicht gut. Dies tut der europäischen Sache nicht gut. Und der deutschen auch nicht. Nicht so bei Wolfgang Schäuble. Für ihn ist die Sorge um den Euro eine Sorge auch um Europa. Deshalb fordert er weitere Integrationsschritte.

Ja, er sieht die Krise als »Chance für die Vertiefung des Integrationsprozesses«. Die längst noch nicht abgeschlossene Europäische Einigung bleibt auch im 21. Jahrhundert ohne Alternative.

Wolfgang Schäuble ist, um es in Anlehnung an den deutschen Jahrhundertdichter Thomas Mann zu sagen, ein europäischer Deutscher und ein deutscher Europäer. Und ein badischer Weltbürger noch dazu! Doch zunächst einmal ist er ein persönlicher Freund, ein hoch geschätzter Kollege, ein politischer Weggefährte. Auch Luxemburg ist für ihn – trotz mancher Meinungsunterschiede – immer ein »wichtiger Freund« gewesen und bis heute geblieben. Vielleicht, weil er immer auch Mensch geblieben ist. Ein Mensch auf dessen Wort man sich verlassen kann. Eine Führungspersönlichkeit, der man vertrauen kann. Gleichzeitig ist er ein bescheidener Arbeitsmensch, der weiß wovon er spricht. Seine Intelligenz und sein Gedächtnis sind gefürchtet. Vor allem aber ist er ein Staatsmann, für den Politik kein Selbstzweck, sondern immer nur Mittel zum Zweck ist. Er hat das, was Jürgen Habermas bei vielen vermisst: Grundüberzeugungen und politische Visionen über die Tagespolitik hinaus.

Die politische Ausnahmeerscheinung steht damit – keineswegs unverdient – seit fast 30 Jahren in der ersten Reihe deutscher und europäischer Politik. Auch ohne Kanzlerwürden – und was für ein Kanzler er doch geworden wäre! – hat er im wahrsten Sinne des Wortes Geschichte eigenhändig geschrieben: kleine und große, deutsche und europäische, ja einfach nur menschliche Geschichte. Und zwar nicht für den vergänglichen Glanz der Mediendemokratie. Nein, das für viele so verführerische Rampenlicht der Eitelkeit ist seine Sache nicht. Stets geht es ihm um nachhaltige Reformen und substanzielle Verbesserungen für die Menschen. Auch wenn diese zunächst unspektakulär oder unpopulär daherkommen. Politik ist für Wolfgang Schäuble nicht nur Verwaltung auf Zeit, sondern vor allem demokratisch legitimierte Vision und Verantwortung für ein möglichst breit zu denkendes, ja globalisiertes Gemeinwohl.

Trotz seiner politischen Berufung ist der ehemalige Anwalt kein weltfremder Träumer. Im Gegenteil! Wohl eher ist er ein weitsichtiger wertorientierter Macher, der auch denkt. Und ein großer europäischer Denker, der auch macht. Von Zeit zu Zeit auch quer. Etwa 1994 mit seinen, gemeinsam mit Karl Lamers vorgelegten, Kerneuropa-Thesen. Beide wollten zum »Kern des Kerns« vordringen ohne diesen jedoch zu formalisieren. Doch Europa ist kein Kern mit Mantel. Es ist ein komplexes gewachsenes gleichberechtigtes Geflecht von Groß und Klein. Richtig war und ist jedoch die Feststellung, dass Europa sich an einem kritischen Punkt seiner Entwicklung befindet. Vorausschauend war die Warnung vor einem »regressiven Nationalismus«. In der Tat hat Wolfgang Schäuble als »Ideengeber und wichtiger Akteur« die Integrationsbemühungen der vergangenen 30 Jahre inspiriert und maßgeblich mitgestaltet. Stets ist er für Vertiefung der europäischen Einigung und somit auch für den Euro eingetreten. Mehr als verdient ist deshalb die Verleihung des Internationalen Karlspreises zu Aachen 2012 an Wolfgang Schäuble, »den letzten profilierten Europäer im Kabinett« (Habermas).

Wolfgang Schäuble weiß dabei immer auch um das Wertefundament und den übergeordneten Gemeinwohl-Zweck von Politik. Eine weitere Seltenheit in der undurchsichtigen politischen Landschaft Europas. Und eine der größten Stärken des heutigen deutschen Finanzministers, der sich selbst als loyaler, kollegialer und bei den Menschen beliebter – eine Leistung für einen Finanzminister – Schatzkanzler gefunden hat. Anerkennung auch beim Mann und bei der Frau auf der Straße genießt Wolfgang Schäuble, weil er die Sehnsüchte und Ängste der Menschen kennt und ernst nimmt. Weil er ein Mann von Augenmaß ist. Weil er zuhören kann. Weil er reinen Wein einschenkt. Weil er ein Mann des Volkes geblieben ist. Weil er als Demokrat und Kenner des Staatsrechts weiß, dass »die Grundlage der Demokratie die Volkssouveränität und nicht die Herrschaftsgewalt eines obrigkeitlichen Staates ist« (Gustav Heinemann). Politisches oder akademisches Abheben ist seine Sache nicht. Sie kann es gar nicht sein. Auch diese Eigenschaft zeichnet den Politiker und Menschen neben seiner umfassenden juristischen und finanztechnischen Detailkompetenz aus.

Unüberhörbar kommt Wolfgang Schäuble aus dem badischen Offenburg, am Fuß des Schwarzwalds, 20 Kilometer südöstlich von Straßburg. Auch das macht ihn sympathisch. Heimat ist ihm wichtig. Denn sie stiftet unverzichtbare Identität, gibt Wärme, Sicherheit und Geborgenheit. Und sie macht Weltoffenheit erst möglich. Zwangsläufig weltoffen ist somit auch sein deutscher Patriotismus. Er ist nicht gegen andere gerichtet. Der Schäuble-Patriotismus ist subsidiarisch. Neudeutsch: ein Multilevel-Patriotismus. Und auch Subsidiarität ist dem überzeugten Christdemokraten der »integrierenden Mitte« – so seine zutreffende CDU-Definition – eine Herzensangelegenheit. Er kommt aus einer politischen Familie, deren Kernprinzipien sich aus der Christlichen Soziallehre herleiten. Gemeinsam sind die Prinzipien von Personalität, Subsidiarität und Solidarität die Substanz der Sozialen Marktwirtschaft, die heute um die ökologische Komponente erweitert werden muss. Eine Wirtschafts- und Marktordnung, die der Gemeinwohlordnung unterstellt ist. Und die vor allem dem Menschen zu dienen hat. Denn der freie Markt kennt letztlich nur sich selbst.

Ja, Gemeinwohl ist wichtig für Wolfgang Schäuble. Es ist für ihn mehr als nur ein Wort und schon gar keine leere Worthülse: es ist eine politische Verpflichtung. Es meint, dass ganzheitliche persönliche Freiheit nur in Verantwortung für das Gemeinwesen möglich ist. Nicht nur im Großen, auch im Kleinen engagiert er sich deshalb. Und es meint, dass Freiheit nicht nur wirtschaftlich, sondern auch politisch, sozial, ja auch philosophisch gedacht werden muss. Wie wichtig dem bibelfesten Protestanten die Freiheit in all ihren untrennbaren Dimensionen ist, wurde deutlich bei seinem historischen Verdienst um die deutsche Wiedervereinigung. Deutschland und die Deutschen – auch Europa und die Europäer – haben ihm viel zu verdanken. Die Mitgestaltung der Wiedervereinigung der Deutschen nach bitteren Jahrzehnten der politischen Teilung und menschlichen Trennung ist seine große Lebensleistung. Es war auch eine Stunde der persönlichen politischen Erfüllung.

Als Bundesinnenminister der Kohl-Regierung war Wolfgang Schäuble maßgeblich an der wiedergewonnenen Einheit der deutschen Nation in einem modernen und freien Nationalstaat nach dem Untergang der DDR beteiligt. Natürlich waren es vor allem die DDR-Bürger selbst, die die Vereinigung vom Osten her gegen das SED-Machtmonopol erstritten, erkämpft, erzwungen haben. Dies meint Wolfgang Schäuble, wenn er von einer »ganz eigenen Revolution« der Menschen spricht. Wie stark der Einheitswille in der ehemaligen DDR war, wurde spätestens bei den ersten freien Volkskammerwahlen am 18. März 1990 klar. Es folgte der beeindruckende Ansturm auf die D-Mark am 1. Juli 1990 nach Inkrafttreten der Währungs-, Wirtschafts- und Sozialunion.

Doch nun musste diese »friedliche, unblutige und erfolgreiche« Revolution auch intellektuell und handwerklich im Einigungsvertrag umgesetzt werden. Am besten von einem badischen Baumeister der hohen Staatskunst und des praxisorientierten Staatshandwerks. Ein solcher Sowohl-als-auch-Mann ist Wolfgang Schäuble wie kein anderer in Deutschland. Er vereinigt Fleiß und Scharfsinnigkeit, Ausdauer und Geduld, Herz und Verstand, Werte und Weitsicht. Ohne die persönliche Arbeit – bis hin zur Erschöpfung – des damaligen Verhandlungsführers der Bundesrepublik Deutschland für den Einigungsvertrag wäre die Wiedervereinigung so nicht möglich gewesen. Sein Verhandlungspartner auf der anderen deutschen Seite war der Parlamentarische Staatssekretär bei DDR-Ministerpräsident Lothar de Maizière, Günther Krause, der spätere Bundesverkehrsminister.

Zu Recht gilt jedoch vor allem Wolfgang Schäuble als Architekt der Einigung. Der deutsch-deutsche Einigungsvertrag aus dem Jahre 1990 war ein »gründlich ausgehandeltes, in konstruktivem Geist gestaltetes Gemeinschaftswerk« (Schäuble), aber es war vor allem sein Bauplan. Ziel war dabei, die Wirtschafts- und Lebensverhältnisse wieder in sozialer Sicherheit zu vereinheitlichen. »Dieser Vertrag der Einheit ist für die Deutschen ein Gewinn. Mit der Überwindung der Teilung Deutschlands wird auch die Teilung Europas beendet«, bilanzierte Wolfgang Schäuble in Anlehnung an den ersten deutschen Bundeskanzler Konrad Adenauer. Und in der Tat: sein Gebäude, das wiedervereinigte Deutschland, hat Bestand und kann sich auch in Europa und in der Welt sehen lassen. Die Einheit konnte nun »in geordneten Bahnen« verlaufen. Das Vertragswerk regelte auf mehr als tausend Seiten den Beitritt der ostdeutschen sogenannten neuen Länder zum 3. Oktober 1990, dem Tag der Deutschen Einheit, dem heutigen deutschen Nationalfeiertag. Ein Tag des Glücks, ein Feiertag nicht nur für die Deutschen, sondern für alle Europäer. Die historisch verständlichen alten Ängste vor der geopolitisch gefangenen Mittelmacht Deutschland bei manchen in Moskau und London, Warschau, Paris und anderswo waren unbegründet. Doch das ist altes falsches Denken! Eben weil Deutschland in Europa nicht mehr gefangen, sondern frei geworden ist. »Das wiedervereinigte Deutschland ist normal im besten Sinne des Wortes geworden«, meint hierzu rückblickend der Einigungsarchitekt.

Denn die deutsche Wiedervereinigung war mindestens ebenso eine europäische, ja eine globale. Wie kein anderer pocht Wolfgang Schäuble bis heute auf diese kontinentale Dimension, auf diese »Einbettung« der deutschen in die europäische Wiedervereinigung. Im November 2010 an der Pariser Sorbonne erinnert sich Wolfgang Schäuble an das deutsch-europäische Wende-Wunder: »Die friedliche Revolution in der DDR hat nicht nur die Mauer mitten durch Berlin und durch Deutschland zu Fall gebracht. Sie hat die Teilung Europas beendet.« In seiner Bonner Berlin-Rede brachte er es – auch das kann Wolfgang Schäuble wie kaum ein anderer – noch griffiger, noch einprägsamer, noch kürzer auf den Punkt: »Deutsche Einheit und europäische Einheit bedingen sich gegenseitig!« Ein Europa, das zwar politisch-militärisch, nicht aber geistig-kulturell geteilt war. Weil es sich, trotz kommunistischer Propaganda, nie auseinanderdividieren ließ. Wohl ging es 1989 zunächst um Deutschland, um die Wiedervereinigung einer ebenfalls niemals wirklich geteilten, wohl aber einer getrennten Nation. Denn Nationen und Menschen können letztlich keine noch so große Mauer und auch kein noch so diktatorisches Regime wirklich trennen. Am Ende wächst, um es mit dem ehemaligen deutschen Bundeskanzler und Begründer der zu Unrecht gescholtenen Neuen Ostpolitik Willy Brandt zu sagen, immer zusammen, was zusammengehört.

Deutschland und vor allem Berlin waren bis 1989 die Bruchstellen eines auseinandergerissenen Kontinents. Die Berliner Mauer war nicht die Narbe einer verheilten Kriegswunde. Die Mauer war 28 Jahre lang der sichtbare und schreiende Schmerzwall einer offenen deutschen, europäischen, weltweiten Wunde! Weit mehr als 125, manche sagen sogar weit über 200 Menschen sind an der Mauer mit ihrem menschenverachtenden Schießbefehl gestorben. Die deutsche Wiedervereinigung mit dem Fall der Berliner Mauer und zugleich die europäische Wiedervereinigung mit dem Untergang der Sowjetunion und ihrer Machtsphäre waren eine historische Zäsur. Eine friedliche Revolution, die nicht erst 1989 in Berlin, sondern bereits im Sommer 1980 im polnischen Lublin und auf der Danziger Werft ihren Solidarność-Anfang genommen hat. Zu erinnern ist auch an den Prager Frühling des Jahres 1968. Die Illusion eines »Sozialismus mit menschlichem Antlitz« wurde vom realexistierenden Kommunismus mit der Panzer-Fratze der Breschnew-Doktrin »avant la lettre« beantwortet. Letztlich hat mit dem 9. November 1989 in Berlin das »kurze 20. Jahrhundert« (Hobsbawm) der zwei Weltkriege, das am 28. Juni 1914 in Sarajevo begonnen hatte, des darauffolgenden Kalten Kriegs, des unendlichen Holocaust-Leids dann doch im europäischen Glück geendet. Gleichzeitig hat mit dem Glücksjahr 1989 das hoffentlich lange und friedfertige 21. Jahrhundert begonnen. Die Chancen hierfür stehen noch nicht einmal schlecht. Wenn die Botschaft von Frieden und Freiheit von 1989 nicht vergessen wird! Und wenn nun auch das Hungerelend der südlichen Halbkugel nicht mehr vom Ost-West-Konflikt von der weltpolitischen Agenda verdrängt wird.

Zurück nach Europa. Der Alte Kontinent konnte nach der Deutschen Einheit endlich wieder – Papst Johannes Paul II. hat dieses schöne Bild geprägt – mit zwei Lungen tief durchatmen. Die zügige Osterweiterung war deshalb eine richtige Entscheidung. Sie war auch ohne Alternative: Anziehungskraft und Eigendynamik waren zu stark. Das Gleiche gilt im Übrigen auch für die Osterweiterung der Nato. Doch mehr als 20 Jahre nach der Wende bleibt noch viel zu tun. Politisch und wirtschaftlich, vor allem in den Köpfen vieler Politiker und Bürger, in denen der Kalte Krieg noch nicht beendet ist. Von der manchmal unerträglichen westeuropäischen Überheblichkeit einmal ganz zu schweigen. Vor allem menschlich bleibt noch viel zu tun. Mit Ernest Renan hat der damalige deutsche Bundespräsident Richard von Weizsäcker es wie folgt gesagt: »Es ist das ›Plebiszit eines jeden Tages‹, aus dem sich der Charakter unseres Gemeinwesens ergeben wird.« »Was bringen wir aus der DDR mit?«, hat die ehemalige Volkskammerpräsidentin Dr. Sabine Bergmann-Pohl beim Staatsakt am 3. Oktober 1990 in der Berliner Philharmonie gefragt. »Neben aller Bitternis die Erfahrung, dass der Mensch vom Brot allein nicht lebt. [...] Vor allem aber Stolz auf eine sanfte Revolution, die uns Demokratie erwarb. [...] Nicht zuletzt die schwierige Erfahrung, dass man nicht vierzig Jahre, sechzig Jahre unter Diktaturen lebt, ohne Schaden an Leib und Seele zu nehmen«, lautete ihre Antwort. Das Ende des Kalten Krieges war kein Triumph des Kapitalismus über den Kommunismus. Es war noch weniger der Triumph des Westens über den Osten. Es war der Triumph der Menschen, der Menschlichkeit, der ganzheitlichen Freiheit im Osten und Westen Europas.

Zu diesem Europa gehört geistig-kulturell auch Russland. Der Kontinentstaat, der wie kein anderer unter dem Zweiten Weltkrieg gelitten hat, befindet sich nach der kommunistischen Diktatur auf einem guten Weg in Richtung Demokratie. Europäische Union und Russland bedingen sich ebenfalls gegenseitig. Wir haben gemeinsame Interessen. Aber wir haben auch gemeinsame Werte, eine gemeinsame Vergangenheit und eine gemeinsame Zukunft. Ohne Russland, ohne Michail Gorbatschow und seine Perestroika, ohne den Souveränitäts-Durchbruch gemeinsam mit Helmut Kohl und dem ehemaligen deutschen Außenminister Hans-Dietrich Genscher am 15. und 16. Juli 1990 im Kaukasus wäre die deutsch-europäische Wiedervereinigung unmöglich gewesen. Gorbatschow ist es letztlich zu verdanken, dass die sowjetischen Panzer diesmal in den Kasernen blieben. Sonst hätte der Mauerfall auch blutig enden können. Dennoch erreichten Kohl und Genscher, dass auch das wiedervereinigte Deutschland in der Nato verbleiben konnte. Ohne enge Partnerschaft mit Russland – auf gegenseitiger Augenhöhe – wird es auch in Zukunft keinen dauerhaften Frieden in Europa und in der Welt geben. Und auch keine Freiheit, bei der Moskau noch nachbessern muss.

Die entscheidende Unterstützung für die deutsche Einheit im Westen kam jedoch aus Washington von US-Präsident George H.W. Bush. Wie Kohl und Schäuble hat auch Bush die historische Stunde erkannt. Ohne zu zögern hat er der deutsch-europäischen Wiedervereinigung zugestimmt. Für den Anhänger von Freiheit und Selbstbestimmung war dies – im Gegensatz zu vielen anderen – eine Selbstverständlichkeit. »Heute liegt die Mauer in Trümmern. Und unsere Augen blicken auf eine neue Welt der Hoffnung. Heute ist Deutschland erneut vereinigt. Die Mauer spaltet eine Nation und die Welt nicht länger in zwei Lager«, so Bush am Vorabend des 3. Oktober 1990. Hilfe brachte ebenso die Öffnung der ungarischen Grenze am 10. September nach Österreich.

Auch der damalige große Kommissionspräsident und Freund Jacques Delors hat die historische Gelegenheit erkannt und geholfen, wo er nur konnte. Die Deutschen, die Europäer und auch Wolfgang Schäuble haben dies nie vergessen. Ebenso wenig die uneingeschränkte Solidarität und auch die starken Signale der Freiheit der Vereinigten Staaten von Amerika über Jahrzehnte hinweg. Unvergessen im deutschen Kollektivgedächtnis bleiben die Berliner Luftbrücke, die US-Unterstützung bei der zweiten Berlin-Krise oder auch der euphorisierende Berlin-Besuch von John F. Kennedy mitten im Kalten Krieg.

Die Deutsche Frage war immer auch eine europäische und weltpolitische. Weil ihr Kern die »Freiheit war, ist und bleibt« (Kohl). Sie wurde endgültig erst mit dem Zwei-plus-Vier-Vertrag zwischen den beiden deutschen Staaten sowie Frankreich unter Führung eines zunächst zurückhaltenden Präsidenten François Mitterrand, Großbritannien unter einer sehr skeptischen Premierministerin Margaret Thatcher, den USA unter Bush senior und der Sowjetunion unter Gorbatschow gelöst. Die Deutschen verfügten zuvor nur über völkerrechtlich begrenzte Souveränität. Vor allem London und Paris war diese begrenzte Souveränität sehr gelegen. Doch letztlich setzten sich die neuen bei den ehemaligen Weltmächten durch. Deutschland hat mit dem 1991 ratifizierten »Meisterwerk der Diplomatie« seine volle Souveränität wiedererlangt. Die Wiedervereinigung war nun auch völkerrechtlich vollzogen.

Doch bleiben wir im Deutschland der Wendejahre 1989 und 1990. »Wir sind das Volk« haben Millionen Menschen bei den bewegenden Montagsdemonstrationen in Leipzig und anderswo gerufen. Und haben damit – aufbauend auf der lebensgefährlichen Vorarbeit der Bürgerrechtsbewegung – die institutionelle SED-Lebenslüge »DDR« entlarvt und implodieren lassen. Nur wenige Wochen nach dem 40. Jahrestag der DDR am 7. Oktober 1989. Schnell machten die Menschen daraus »Wir sind ein Volk«. Ebenso schnell ging die Sehnsucht der Deutschen nach einem geeinten Vaterland in Frieden und Freiheit um die Welt. Flankiert und gehalten wurde diese ostdeutsche Bewegung »von unten« allerdings durch die unmissverständliche Präambel des Grundgesetzes der Bundesrepublik Deutschland. Kein deutscher Bundeskanzler hat jemals die deutsche Einheit aufgegeben. Weder Konrad Adenauer noch Willy Brandt oder Helmut Schmidt und schon gar nicht Helmut Kohl. Denn es waren in erster Linie die Unionsparteien, die den längsten Einheitsatem hatten. Und die nie von der Einheit der Nation im Grundgesetz für die Bundesrepublik Deutschland im Sinne eines, so formulierte es lapidar der alte Artikel 23 des Grundgesetzes, »Beitritts« der »anderen Teile Deutschlands« abgerückt sind – durchaus gegen politische, philosophische und kulturelle Widerstände.

Von zentraler Bedeutung bei der politischen Umsetzung der Einheit waren die Zusammenarbeit und das Zusammenspiel mit dem nicht weniger weitsichtigen Bundeskanzler Helmut Kohl. Es gehört ebenfalls zur historischen Wahrheit, dass die Deutschen und auch die Europäer insgesamt dieser einst so fruchtbaren persönlichen und innigen politischen Partnerschaft vieles zu verdanken haben. Ohne den Arbeiter und Architekten der Einheit Wolfgang Schäuble und seine »große persönliche Leistung« (Helmut Kohl) hätte es den Kanzler der Einheit so nicht gegeben. Und die Einheit so übrigens auch nicht. Helmut Kohl gab ohne zu zögern bereits am 28. November 1989 in seinem Zehn-Punkte-Programm die politische Zielrichtung der »Wiedergewinnung der staatlichen Einheit Deutschlands« vor. Wolfgang Schäuble erledigte dann die schwierige tagespolitische und langwierige juristische Detailarbeit. Immer auch mit dem Blick für das große Ganze in Deutschland, in Europa, in der Welt.

Seit mehr als 40 Jahren gehört Wolfgang Schäuble zu den Urgesteinen deutscher Politik. Als Fraktionsvorsitzender der Union im Deutschen Bundestag, dem er seit 1972 ununterbrochen angehört, hat er eindrucksvoll bewiesen, dass man kein Ministeramt braucht, um politisch etwas zu bewegen. Ja, Wolfgang Schäuble hat – gemeinsam mit anderen – die Macht des Parlaments im politischen System der Kanzlerrepublik gestärkt. Seine Macht war dabei niemals die Macht der Stärke oder des Stärkeren, sondern immer die Macht der besseren unnachahmlichen dialektischen Argumentation, der tieferen Substanz und auch des richtigen Wortes zur richtigen Zeit an richtiger Stelle. Seine großen Reden im Deutschen Bundestag gehören zu den Sternstunden des Hohen Hauses. Schäuble hat die politische Kultur der Bundesrepublik nachhaltig geprägt – früher in der alten Bonner, heute in der neuen Berliner Republik. Gerade für Berlin hat er sich 1991 in einer historischen und überparteilichen Rede vor dem Bundestag in Bonn leidenschaftlich als Hauptstadt des wiedervereinigten Deutschlands eingesetzt. Nicht weil er in irgendeiner Form deutschen Großmachtansprüchen hinterherliefe. Nein, ihm ging es schlichtweg um das Symbol von Einheit und Freiheit, für Demokratie und Rechtsstaatlichkeit.

Nicht zuletzt deshalb konnte ihm auch das tragische und irrsinnige Attentat auf seine Person, das den Sportliebhaber seit 1990 an den Rollstuhl fesselt, politisch nichts anhaben. Persönlich hat er seiner Behinderung seinen starken Willen aufgezwungen. Ohne Selbstmitleid und ohne Bitterkeit. Und politisch ist der überragende, weil fragende und zuhörende Rhetoriker nur noch stärker geworden. Denn bei Schäuble kommt es nicht auf die Show, sondern auf das fundierte Wort an. Und dabei spielt der Rollstuhl keine Rolle. Dies war nach dem unbegreiflichen Attentat auf ihn keine Selbstverständlichkeit. Doch auch das hat er mit viel harter Arbeit geschafft. Vor allem aber ist Wolfgang Schäuble auch noch mit 70 ein jung gebliebener Politiker. Vielleicht, weil der durchaus gefürchtete Perfektionist mit seinen Ecken und Kanten nicht nur andere, sondern auch sich selbst,

seine Positionen, seine Argumentationen, seine An-
sichten andauernd in Frage stellt. Wenn Schäuble etwas vom französischen Nachbarn abgekupfert hat,
ist es sicherlich dieser, auf die Politik und das politische Tagesgeschäft angewandte cartesianische Zweifel. Umso stärker, umso robuster, umso begründeter
sind anschließend die daraus gewonnenen politischen
Analysen und Entscheidungen. Denn im Gegensatz
zur akademischen und medialen Welt kann verant-
wortungsvolle Politik sich den Luxus der Debatte als
»l'art pour l'art« nicht leisten. Hinzu kommen die
Zeit- und Finanzzwänge.

Zweifelsohne täte nicht zuletzt deshalb auch ein
europäisches Mandat Wolfgang Schäubles der Europäischen Union gut. Doch bislang ist der Europapolitiker in Berlin geblieben. Allerdings mit einem starken Drang nach Brüssel, Straßburg und übrigens
auch nach Luxemburg, der dritten und oft vergesse-
nen EU-Hauptstadt. Der Europäischen Union jedenfalls täte ein Mann vom Schlage eines Wolfgang
Schäuble gut. Denn regionale, nationale und europäische Politik sind für den deutschen Europäer und
europäischen Deutschen untrennbar miteinander verbunden und vernetzt. Deshalb ist es der europäischen
Sache nicht weniger dienlich, mit Wolfgang Schäuble
auch eine starke europäische Stimme in Berlin, in der
Bundesregierung und im Bundestag zu haben. Denn
europäische und nationale Politiken sind heute nicht
mehr zu trennen. Das Nationale ist immer auch europäisch, das Europäische immer auch national.

Europa gehört zu den Grundüberzeugungen des deutschen und europäischen Politikers. Vielleicht auch, weil Wolfgang Schäuble aus einer europäischen Grenzregion in der Nähe von Straßburg kommt. Von Anfang an hat er jedenfalls die Wiedervereinigung Deutschlands auch, ja zutiefst europäisch gedacht und geträumt. Er stand damit nicht allein. »Die Sehnsucht nach Europa war ein beherrschendes, bei manchen auch ein berauschendes Gefühl auf dem Weg in eine neue Zeit«, meint hierzu der überzeugte Europapolitiker. Gerne bezeichnet er die Wiedervereinigung als »Triumph der europäischen Ideen und der europäischen Ideale«. Und das war sie auch. Vor allem ein Triumph der Freiheit, des Friedens, der Einheit, der Brüderlichkeit. Insofern war und ist sie auch ein Prozess, der nicht mit einem Vertrag abgeschlossen ist. Im Gegenteil: Verfassungen, Grundgesetze und Verträge sind nicht das Ende, sondern erst der politische Anfang.

Die exklusive alte Welt der Nationalstaaten hat für Wolfgang Schäuble spätestens mit dem Zweiten Weltkrieg ihre Legitimität verloren. Nicht nur in Europa ist der Nationalstaat heute nicht mehr der uneingeschränkte, der einst so souveräne Alleinherrscher. Auch der klassische Nationalstaat der Moderne und Postmoderne ist dem rasanten Erosionswind der Globalisierung ausgesetzt. Die internationale Welt ist heute auch eine supra-, trans- und infranationale. Hinzu kommen neue Akteure: die NGOs, die Zivilgesellschaft insgesamt, multinationale Unternehmen, jeder einzelne Bürger mit oder ohne Internetanschluss selbst. Noch ist kein Ende dieser Weiterentwicklung der Hobbes'schen internationalen Arena abzusehen. Allerdings muss bei dieser Entwicklung bedacht werden, dass der moderne freie Nationalstaat bis auf weiteres der einzige Garant für Demokratie und Rechtsstaatlichkeit in der Welt bleibt. Gleichzeitig gibt es einen privilegierten Teil der Arena, der den »Urzustand« des Kampfes aller gegen alle, des Krieges also, überwunden hat: die Europäische Union!

Bis heute bleibt auch für den Europavordenker Wolfgang Schäuble der Frieden das Fundament des Hauses Europa. Und in der Tat: Ohne Frieden ist alles nichts. Auch im 21. Jahrhundert. Frieden ist nie altmodisch. Und er wird auch nie selbstverständlich sein. Nur durch den Kriegsdrang und den Kriegszwang zähmende Institutionen kann er langfristig abgesichert werden. Diese ausgleichenden Institutionen, die Krieg eben nicht mehr als die Weiterführung der Politik mit andern Mitteln sehen, sind und bilden das Fundament der Europäischen Union. Sie sind die größte politische Erfindung Europas in der Neuzeit. Und sie sind durchaus exportfähig in eine Welt ohne Demokratie als Regel, ohne gerechte Ordnung, ohne Frieden als Fundament.

Gleichzeitig weiß der Individualismus-Kritiker jedoch auch, dass ein gemeinsames Fundament zwar wichtig, für ein gemeinsames Haus jedoch längst nicht mehr ausreichend ist. Vor allem junge, aber auch ältere Menschen verlangen heute nach einer neuen positiven Legitimation Europas. Sie können sich am Anfang des 21. Jahrhunderts keinen Krieg mehr zwischen den Nationalstaaten Europas vorstellen. Dieser größte Erfolg der europäischen Vereinigung ist gleichzeitig die größte politische Begründungsherausforderung im Europa der Gegenwart und Zukunft. Denn Europa muss heute philosophisch neu gedacht, politisch neu begründet, menschlich neu gelebt werden. Auch die rein wirtschaftliche Begründung reicht bei weitem nicht aus. Denn Europa ist mehr als eine gehobene Freihandelszone. Besonders besorgniserregend ist vor diesem Hintergrund der gefährliche Rückfall in alte nationalstaatliche Reflexe im Zuge der globalen Wirtschafts- und Finanzkrise.

Zunächst muss die europäische Idee erneuert werden. Denn Europa ist auch – der ehemalige Kommissionspräsident Jacques Delors hat dies oft genug betont – ein »geistiger Staat«. Europa ist mithin eine Idee ohne Grenzen. Mehr noch: Europa ist auch eine – wohlverstandene – Weltanschauung. Dabei geht es gerade nicht mehr um die alten europäischen Imperien, die die Welt kolonialisierten und unterjochten. Es geht um ein neues offenes Europa als Teil einer einzigen und einzigartigen Welt. Diese Idee Europa fußt letztlich auf einem humanistischen Menschenbild, geprägt vom geistigen Erbe Athens und Roms, Jerusalems und Córdobas und auch von der darauf aufbauenden Aufklärung. Denn letztlich geht es – Immanuel Kant hat dies 1784 vortrefflich in einem Essay herausgearbeitet – bei der Aufklärung um nichts anderes als um die natürliche Freiheit und Würde des mündigen Menschen. Allerdings besteht bei der politischen Umsetzung dieser Würde noch Nachholbedarf. Zunächst in Europa. Und mehr noch außerhalb des Alten Kontinents.

Auf diesem Menschenbild, das zu Ende gedacht – doch wer denkt die Dinge in der Politik noch zu Ende? – keinen Krieg mehr zulässt, beruht das Friedensprojekt Europa. Denn historisch bleibt die Europäische Union das größte und erfolgreichste Friedensprojekt der Menschheitsgeschichte. Dennoch muss diese Begründung heute politisch, sozial, wirtschaftlich und kulturell erweitert werden. Ein gemeinsames Haus braucht eben auch Wohnraum, Gemütlichkeit und Geborgenheit. Und es braucht einen gut gefüllten Keller mit Proviant. Auch hier kann Europa viel vom politischen Schäuble-Pragmatismus lernen. Kein Land – auch Deutschland nicht – kann heute die Herausforderungen der Globalisierung alleine meistern. Nur gemeinsam als Europäische Union kann Europa sein Sozialmodell bewahren. Nur gemeinsam als Europäische Union ist Europa wettbewerbsfähig. Nur gemeinsam als Europäische Union wird die Stimme Europas in einer zunehmend pazifischen Welt gehört. Nur gemeinsam als Europäische Union hat Europa noch Einfluss in einer von den USA und China, von Russland und Indien dominierten Welt.

Von einer vereinten und somit starken Wertemacht Europäische Union profitieren nicht nur die Europäer, sondern auch die Menschen in den wirtschaftlich schwachen Regionen Afrikas, Lateiname-rikas und Asiens. In Europa wird Freiheit eben nicht nur rein wirtschaftspolitisch gedacht. Freiheit und Gerechtigkeit, Freiheit und Verantwortung, Freiheit und Solidarität, Freiheit und Sicherheit, Freiheit und Umweltschutz gehören zusammen. Dies ist die neue Botschaft und somit auch die neue Begründung des Hauses Europa für das globale Dorf, in dem immer noch eine Milliarde Menschen hungern, in dem Dik-tatur und Autokratie immer noch die Regel sind. Und damit schließt sich gewissermaßen der Kreis, weil auch Freiheit und Frieden untrennbar miteinander verbunden sind. Hinzuzufügen ist hier noch die Ge-rechtigkeit. Auch das lehrt uns die deutsche, aber auch die gesamteuropäische Geschichte.

Niemand weiß dies besser als der geopolitische Stratege Wolfgang Schäuble. Ein bodenständiger, ja manchmal unscheinbarer – Schein war nie seine Sache – Geopolitiker, der immer um das Primat der menschlichen Person auch über Geografie und Roh-stoffe weiß, der weltpolitische Entwicklungen und Zusammenhänge vor anderen erkennt. Und dennoch bei der Beschreibung und Analyse derselben nie ins Abstrakte abhebt. Der Stratege mit Bodenhaftung verbindet seine vernetzten Analysen immer auch mit badischer Bodenhaftung, intellektueller Bescheiden-heit und politischer Wertefestigkeit. Er verfängt und verliert sich nicht in akademischen Strategienetzen, sondern behält stets den zielführenden Über- und Weitblick. Gleichzeitig sind ihm die Details und Fußnoten der politischen Analyse wichtig. Wie Henry Kissinger richtig sagt, liegt dabei sein Schwerpunkt auf »klugen und konstruktiven Grundkonzepten«. Diese bereichernde Dialektik von analytischer Abstraktion und konkreter Tages- und Grundsatzpolitik ist eine weitere seltene Stärke des deutsch-europäischen Atlantikers und Weltbürgers.

Wolfgang Schäuble glaubt an den Westen und seine Werte. Allerdings steht er seiner Ansicht nach noch »ohne Konzeption« auf der politischen Weltbühne des 21. Jahrhunderts. In einer internationalen Gemeinschaft, die sich keineswegs zu einer »Neuen Weltordnung« (Bush) entwickelt hat. Zumindest noch nicht. Vielmehr ist die Welt komplexer und fragmentierter denn je. Selbst die einzig verbliebene Supermacht USA setzt heute mehr und mehr auf Multipolarität. Das Gleiche gilt für die aufstrebende Weltmacht China im neuen pazifischen Machtzentrum. Nicht zuletzt, weil sich die Macht selbst rasant in einer »beschleunigten« (Habermas) Welt verändert. US-Politologe Joseph Nye spricht in diesem Zusammenhang von einer »Diffusion« der Macht. Die alten bipolaren Denkmuster funktionieren nicht mehr. Ebenso wenig die alten vermeintlich stabilen »realpolitischen« Machtgleichgewichte, die Europa unendliche Male ins Unglück gestürzt haben. Und die im 20. Jahrhundert zum ersten Mal zu Weltkriegen wurden. Im 21. Jahrhundert sind deshalb nicht nur die abstrakte Macht, sondern auch die alten Kategorien wie Ost und West zu überdenken. Die Welt braucht vielmehr eine vernetzte Zusammenarbeit aller Demokratien und Demokraten. Allerdings ohne Neuauflage des Kalten Kriegs oder der alten Eindämmungsstrategie im Pazifik. Demokratie darf nicht eindämmen, belehren oder bedrohen: Sie muss vorweggehen, überzeugen und anziehen!

Deutsche, europäische, globale Politik hat deshalb für Wolfgang Schäuble langfristig nur Bestand, wenn sie sowohl den eigenen Interessen als auch den gemeinsamen Werten dient. Anders gesagt: Der gegenseitigen realpolitischen Bedingung von deutscher und europäischer Einigung entspricht gleichzeitig die bedingungslose Gegenseitigkeit der deutschen Nation und des gemeinsamen Hauses Europa. Wie 1963 US-Präsident John F. Kennedy in seiner epochalen Friedensrede vor der American University erkennt Wolfgang Schäuble rational und emotional, dass alle Nationen, alle Kulturen, alle Menschen mehr verbindet als trennt. Vom »Clash« der Zivilisationen oder vom »blindwütigen« Sicherheitsstaat hält er nichts, viel hingegen von Dialog und Integration. Nicht zuletzt vom Dialog mit der arabisch-muslimischen Welt, die auch Teil Europas ist.

Indes: Diese Erkenntnis ist auch heute noch keine Selbstverständlichkeit. 23 Jahre nach dem Fall der Berliner Mauer und 20 Jahre nach dem Vertrag von Maastricht, den ich unter Luxemburger Ratspräsidentschaft mitgestalten und mitverhandeln durfte, ist die politisch-kulturelle und geistig-moralische Wiedervereinigung Europas alles andere als abgeschlossen. Die beschriebene Gefahr der Renationalisierung bedroht besonders in den gegenwärtigen Krisenzeiten den europäischen Integrationsprozess in seinem Kern. Dabei ist die gegenwärtige Finanz-, Wirtschafts- und Schuldenkrise ohne Europa und auch ohne den Euro nicht zu bewältigen. Alle 27 Mitgliedstaaten der heutigen Europäischen Union bedingen sich gegenseitig. Sie sind nicht nur eine Schönwetterunion, sondern eine robuste Schicksals- und Willensgemeinschaft: eine Union von Herz und Verstand!

Mit der Methode der gegenseitigen Bedingung begründet Wolfgang Schäuble rational sein politisches Handeln in Deutschland und Europa. Seine eigentliche Antriebsfeder geht gleichwohl weit darüber hinaus und gründet tiefer: Es ist die genannte bedingungslose Gegenseitigkeit der Brüderlichkeit in Gleichheit und Einigkeit, des Teilens in Gerechtigkeit und Recht, des Mensch-Seins in ganzheitlicher Freiheit! Nur mit diesem, in Politik und Institutionen gegossenen Dreiklang wird Frieden in Deutschland, Europa und weit über den Alten Kontinent hinaus dingfest gemacht. Wolfgang Schäuble bringt dies auf die knappe Forderung: »Mehr Europa!« »Mehr Europa« in den Gemeinschaftsräumen des gemeinsamen Hauses, das ebenso fest zementiert stehen muss wie sein Fundament. Vor allem aber wieder mehr politisch-gesellschaftliche und menschliche Gemeinschaft im Zusammenleben innerhalb und außerhalb des Hauses. Gerade in Krisenzeiten!

»Seit 2005 zerfließen die Konturen vollends. Man kann nicht mehr erkennen, worum es geht; ob es überhaupt noch um mehr geht als um den nächsten Wahlerfolg«, fragt ein kritischer Jürgen Habermas. Wolfgang Schäuble geht es nicht nur um den nächsten Wahlerfolg. Auch wenn die Bedeutung von Wahlen in einer Demokratie nicht zu leugnen ist. Es geht ihm um mehr.

Ja, wir brauchen wieder mehr Europa. Vor allem aber brauchen wir wieder mehr Mensch! Mehr Mensch ist die eigentliche Antwort auf die Identitätskrise Europas im Innern. Mehr Mensch ist aber auch die mutmachende Botschaft Europas an die Welt. Mehr Mensch und mehr Europa sind die Kernaufgabe und Verantwortung der heutigen politischen Generationen im Hause Europa, in seinen großen und kleinen nationalstaatlichen Zimmern, in seinen regionalen Verbindungsgängen, in seiner großzügigen Eingangshalle mit einer möglichst weltoffenen Tür.

Herzlichen Glückwunsch zum 70. Geburtstag aus Luxemburg!

Europa und Amerika vor den Herausforderungen der Globalisierung*

Von Henry A. Kissinger

Fünf Jahre nachdem meine Familie von Fürth nach New York emigriert war, kehrte ich mit der US-Armee nach Deutschland zurück. Später hatte ich als Student und schließlich als Professor Gelegenheit, mir über Fragen der europäischen Ordnung und Deutschlands Zukunft Gedanken zu machen. Auch in den öffentlichen Ämtern, die ich bekleidet habe, war ich weiterhin mit Themen befasst, in denen die Zukunft Deutschlands, die freundschaftlichen Verbindungen und die Zusammenarbeit zwischen Deutschland und den Vereinigten Staaten von zentraler Bedeutung waren. Man kann also sagen, dass Deutschland stets ein Teil meines Lebens geblieben ist.

Ich schreibe dies in einer Zeit großer Umbrüche von bisher unbekanntem Ausmaß. Europa verabschiedet sich vom ursprünglich proklamierten Begriff der Souveränität, auf dem seine Geschichte beruht. Die

---

* Überarbeitete Fassung der Dankesrede vor dem Verband Deutscher Zeitschriftenverleger (VDZ) anlässlich der verliehenen Auszeichnung für Henry A. Kissingers Lebenswerk am 17. November 2011.
Übersetzt von Ingrid Exo, Leipzig.

97

Vereinigten Staaten sind bemüht, die eigene Wirtschaft wieder zu beleben und zugleich ihre Stellung in der Welt neu zu formulieren. Die islamische Welt wird von ideologischen Konflikten erschüttert, die sich mit den europäischen Konflikten des 17. Jahrhunderts vergleichen lassen. Russland nimmt eine Neugestaltung seiner innenpolitischen Verhältnisse vor und festigt seine Beziehungen zu den ehemaligen Mitgliedstaaten der Sowjetunion, zerrissen zwischen historischem Erbe und den Erfordernissen der Zeit. Zwei der weltweit wichtigsten klassischen Zivilisationen, China und Indien, streben zu modernen Großmächten auf. In der Folge verlagert sich also das internationale Machtzentrum vom Atlantischen Raum in den Raum des Pazifischen und des Indischen Ozeans.

Zwei wesentliche Veränderungen bestimmen unsere heutige Welt: Zum einen die Verlagerung der Aufmerksamkeit von Bedrohungen aus dem Ausland auf die Risiken, die das System internationaler Verflechtung selbst mit sich bringt. Und zum anderen die Aufgabenstellungen, die dadurch für die eigene Staatsführung entstehen. Für die Generation nach dem Zweiten Weltkrieg hatte Sicherheit oberste Priorität. Angesichts zweier feindlicher Armeen, die einander auf einem geteilten Kontinent gegenüberstanden, wurde eine stabile Weltordnung in weiten Teilen mit Truppenstationierungen und amerikanischen Sicherheitsgarantien gleichgesetzt. Das atlantische Bündnis stellte eine Notwendigkeit dar, die deutsch-amerikanischen Beziehungen gaben ihm Halt.

Unsere heutige Welt ist vielschichtiger. Das internationale Wirtschaftssystem operiert heute global, aber die politischen Strukturen sind im Wesentlichen immer noch national ausgerichtet. Die Weltwirtschaft zeichnet sich dadurch aus, dass sie die Hindernisse, die dem ungehinderten Kapital- und Warenfluss entgegenstehen, aus dem Weg räumt. Das internationale politische System basiert in weiten Teilen immer noch auf Nationalstaaten. Die Globalisierung ermöglicht und fördert Entscheidungen, die auf Wettbewerbsvorteilen basieren. Es liegt in ihrem Wesen, nationale Grenzen zu ignorieren. Beide Systeme können berechtigterweise für sich in Anspruch nehmen, den Willen der Allgemeinheit widerzuspiegeln, das eine auf globaler, das andere auf nationaler Ebene. Die Nutznießer der Globalisierung haben gegen sie selbstverständlich wenig Einwände. Die Benachteiligten jedoch werden ihr Heil in einer nationalstaatlichen Ordnung suchen, die ein funktionierendes globales System unterläuft oder zumindest behindert.

Diese Dynamik hat zu Jahrzehnten anhaltenden Wirtschaftswachstums geführt, die sich mit Phasen finanzieller Krisen von offenkundig zunehmender Intensität abwechselten: In Lateinamerika in den 1980er Jahren, in Asien 1997, in Russland 1998 und in den Vereinigten Staaten 2001, ein weiteres Mal 2007 und derzeit in Europa.

Auch wenn jede dieser Krisen andere Gründe hatte, war ihnen doch allen gemeinsam, dass Spekulationen ausuferten und Risiken systematisch unterschätzt wurden. Die Rolle der Finanzspekulation hat, verstärkt durch das Internet, an Bedeutung gewonnen. Mit der ihr eigenen Wendigkeit hat sie einen Aufschwung oftmals in eine Blase verwandelt und einen Abschwung zur Krise werden lassen, und dies zum Teil mit Finanzinstrumenten, die den Charakter einer Transaktion verschleiern. Geldgeber konnten kaum den Umfang ihres finanziellen Engagements absehen, und Kreditnehmer waren sich über die Folgen ihrer Verschuldung nicht vollständig im Klaren.

Daher befindet sich die allgemeine Weltordnung in einer paradoxen Lage: Ihr wirtschaftliches Wohlergehen hängt vom Erfolg der Globalisierung ab, aber dieser Prozess bringt eine politische Dialektik hervor, die den Erwartungen entgegensteht. Die Akteure der wirtschaftlichen Globalisierung haben oft geringen Einfluss auf deren politische Prozesse. Und die führenden Köpfe der politischen Prozesse haben wenig Anreiz, ihren Rückhalt in der Bevölkerung zu riskieren, indem sie wirtschaftliche oder finanzpolitische Probleme vorwegnehmen, deren Komplexität zu durchdringen den Fachleuten vorbehalten bleibt. Wenn es dann zur Krise kommt, ist es oft zu spät, diese Wissenslücke zu schließen.

In dieser Situation bekommt die Krise eine Eigendynamik. Die Regierungen sind unter Druck und versuchen, Vorgänge der Globalisierung in Richtung eigenstaatlicher oder merkantilistischer Vorteile zu beeinflussen. Sie müssen der Tatsache ins Auge sehen, dass wachsende Produktivität zwar den Wohlstand steigert, aber auch manuelle Arbeit durch Technik ersetzt. Das könnte zur Folge haben, dass manche schon in die Arbeitslosigkeit hineingeboren werden, oder manuelle Tätigkeiten Arbeitern anderer kultureller Herkunft überlassen werden, die bereit sind, für geringeren Lohn zu arbeiten – was wiederum zu interkulturellen Konflikten oder nationalistischen Reaktionen führen kann. Die europäische Debatte über die griechische Schuldenkrise weist einige dieser Reaktionsmuster auf.

Im Westen bringt es die Globalisierung daher mit sich, das Wesen der Demokratie in Frage zu stellen. Aus Furcht vor dieser Erkenntnis setzen sich die Regierungen nur widerwillig mit den einzelnen Interessengruppen auseinander – das erklärt viele dieser Probleme, ist aber keine Entschuldigung. Da die Themen technisch sehr komplex sind, verführt das dazu, zu politisieren und eine ernsthafte Debatte weiter zu erschweren.

Jüngste amerikanische Gesetzesvorlagen umfassten Tausende Seiten voll detaillierter Informationen, die die Fähigkeiten des Durchschnittsbürgers, sie zu verstehen oder auch nur zu lesen, bei Weitem überstiegen. Ausführende Organe, die sich hinsichtlich der Auslegung bestimmter Gesetze an jene Gesetzgeber wandten, die sie doch gerade erst verabschiedet hatten, mussten bisweilen erleben, dass sie an Verwaltungsinspektoren verwiesen wurden, weil den Gesetzgebern selbst nicht sämtliche Implikationen ihres Gesetzestextes klar waren. Unter solchen Umständen gewinnen Einzelinformationen leicht die Oberhand über die Zusammenhänge; die Tatsachen sind so zahlreich wie eh und je, aber sie verlieren oft an Bedeutung. Informationen in Wissen zu überführen wird eine der wesentlichen Aufgaben heutiger Generationen sein.

Die Unterwanderung nationaler Souveränität erschwert die Lage für die europäischen Demokratien zusätzlich. Die Bereitschaft, Opfer für das Gemeinwohl zu bringen, wurde in den Massakern des Zweiten Weltkrieges und dem stetigen Anwachsen europäischer Institutionen aufgezehrt. Die Europäische Union ist zu einer Verwahranstalt institutionalisierter Abläufe, nicht aber zu einem Fixpunkt persönlicher Identifikation innerhalb der historisch gewachsenen europäischen Staaten geworden.

Gerade für die westlichen Gesellschaften besteht die größte Herausforderung also darin, neue Antworten auf die drängenden Fragen zu finden, sie klar zu benennen und Lösungen zu entwickeln, die die Bürokratie bewältigen und die Öffentlichkeit nachvollziehen kann.

In diesem Bemühen kommt den Medien eine wesentliche Rolle zu, und zwar ganz besonders in den Zeiten des Internets. Für eine Gesellschaft besteht die schwierigste Aufgabe darin, sich von dort, wo sie steht, dahin zu begeben, wo sie noch nicht gewesen ist. Das erfordert eine schlüssige Vision. Doch die Versuchung des Internets besteht gerade darin, sich Wissen fragmentarisch anzueignen. Alle Fakten können isoliert abgerufen werden. Es ist nicht nötig, sich etwas zu merken oder zu verinnerlichen, denn es kann jederzeit erneut abgerufen werden. Das Internet liefert Informationen, aber keinerlei Kontext. Diese Lücke können die Medien füllen.

Hinter all diesen Herausforderungen steht die essenzielle Frage, wie wir gemäß der gemeinsamen intellektuellen und moralischen Tradition des Westens mit ihnen umgehen wollen. Jahrzehntelang war die Einheit des Westens wesentlicher Bestandteil der Weltordnung. Heutzutage jedoch sind unsere politischen Entscheidungsträger und wirtschaftlichen Eliten mit globalen Themen beschäftigt, in denen die westliche Sicht zwar nicht minder wichtig, aber nicht mehr so deutlich wahrnehmbar ist.

Vor diesem Hintergrund stellt sich nun die Frage, welches Verhältnis die Vereinigten Staaten und Europa in Bezug auf den Aufstieg Asiens und die Verschiebungen aufgrund der Globalisierung haben werden. Werden wir, wie in der Vergangenheit, als Partner handeln, deren gemeinschaftliche Zielsetzung auf gemeinsamen Traditionen fußt? Oder bricht nun eine Ära an, in der wir in einer schrankenlosen Welt als Konkurrenten gegeneinander antreten und letztlich in unpersönlichen und mathematischen Begriffen um wirtschaftliche Vorteile ringen?

Gestatten Sie mir zum Schluss eine hoffnungsvolle Anmerkung. Als ich diese Stadt zum ersten Mal sah, standen nur noch sehr wenige Gebäude. Die Parks waren kahl, weil man aus den Bäumen Feuerholz gemacht hatte. Es gab sehr wenig zu essen. Dann kam die Luftbrücke und die Mauer. Für jemanden, der diese Zeit überstanden hat, erscheint die Gegenwart nicht unüberwindlich.

Wir sollten uns auch daran erinnern, dass unsere jetzigen Schwierigkeiten das Ergebnis dessen sind, was wir im letzten halben Jahrhundert erreicht haben, unserer technischen und wissenschaftlichen Errungenschaften, unseres Lebensstandards und der Ausbreitung der Demokratie. Wir stehen keinem gemeinsamen Feind mehr gegenüber. Aber die Probleme, die ich angesprochen habe, lassen sich nicht von einzelnen Ländern lösen. Sie verlangen nach gemeinsamen Bemühungen und geteilten Hoffnungen, und zwar globalen wie regionalen, und – davon bin ich überzeugt – auch transatlantischen.

Wolfgang Schäuble: Mann der deutschen Einheit und der europäischen Einigung
Von Christine Lagarde

Das Verlangen nach einer stärkeren europäischen Integration kann nicht vom Wunsch nach Wohlstand und Frieden getrennt werden. Mit der Schaffung eines modernen integrierten Europas entschlossen sich seine Gründerväter nach dem Zweiten Weltkrieg endlich das Schreckgespenst des Krieges vom Kontinent zu verbannen und den Traum vom »ewigen Frieden« zu verwirklichen – diesen jahrhundertealten unerfüllten Traum so vieler bedeutender Denker, darunter Dante, Erasmus, Rousseau und Kant. Zu den entscheidenden Gründervätern der Europäischen Integration gehörten Konrad Adenauer, Robert Schuman, Jean Monnet, Winston Churchill und viele mehr. Das war die große Generation, die es wagte zu träumen, und die die Entschlossenheit hatte, den Traum Wirklichkeit werden zu lassen. Ihr Traum wurde von den folgenden Generationen europäischer Politiker weiterverfolgt und mit Zuversicht und Enthusiasmus zunehmend in der Wirklichkeit verankert.

Sie verfolgten den Traum eines vereinten Europas, das allen zugutekommt und das Stabilität und Frieden in Europa sichert. Wolfgang Schäuble gehört zu dieser zweiten Generation – eine wegweisende Persönlichkeit der Europäischen Idee mit einer echten Vision für ein besseres Europa. Es gibt heutzutage keinen größeren Verfechter der europäischen Integration als Wolfgang Schäuble, was im vergangenen Frühjahr auch offiziell anerkannt wurde, als er mit dem prestigeträchtigen Karlspreis geehrt wurde. Wolfgang Schäuble handelte stets nach der Leitidee, dass Europa nur überleben und gedeihen kann, wenn es Menschen unwiderruflich aneinander bindet. Wie er selbst sagte, »nichts wird erreicht, wenn Sie Menschen nicht von der Einigung überzeugen.« Aber sich zu vereinen heißt auch, dass jeder einen Beitrag dazu leisten muss. Jeder Einzelne, in Gruppierungen, Regionen und Nationen muss dazu beitragen, dass er selbst und auch andere fühlen, dass sie zur Gesellschaft gehören.

Europas Integration hat in den vergangenen 60 Jahren mehr Fortschritte als Rückschläge erlebt. Wolfgang Schäubles Leben verlief parallel zu dieser Entwicklung, die wiederum seine Auffassung und Vision eines wiedervereinigten Deutschlands im Herzen eines vereinten Europas prägte. In den 1950er Jahren erlebte er als Heranwachsender die formativen Jahre der Europäischen Union: die Umwandlung der Europäischen Gemeinschaft für Kohle und Stahl in die Europäische Wirtschaftsgemeinschaft, den »Europäischen Binnenmarkt«.

In den 1960er und frühen 1970er Jahren, während Wolfgang Schäuble Steuerrecht studierte, schlossen sich die sechs ECC Länder (Deutschland, Frankreich, Italien, Belgien, die Niederlande und Luxemburg) weiter zusammen, indem sie die Zölle auf Waren aufhoben, eine gemeinsame Agrarpolitik einführten und die ersten internationalen Abkommen als Gemeinschaft abschlossen.

Das Jahr 1972 verzeichnete zwei Premieren: Wolfgang Schäuble wurde zum ersten Mal in den Bundestag gewählt, um dann die nächsten 40 Jahre direkt von den Wählern wiedergewählt zu werden, und Europa unternahm die ersten Schritte zur Schaffung einer gemeinsamen Währung mit der Einführung des Wechselkurs-Mechanismus, der die Fluktuation der ECC-Länderwährungen gegeneinander begrenzte. Ein Jahr später wuchs die Europäische Gemeinschaft von sechs auf neun Mitglieder an mit dem Beitritt Dänemarks, Irlands und Großbritanniens.

Im Bundestag trieb Wolfgang Schäuble die Integration von Anfang an voran. Er war es, der in den 1980er Jahren als Bundestagsvertreter des Wahlkreises Offenburg in der Nähe der französischen Grenze den Grundstein für den ersten »grenzüberschreitenden Eurodistrikt« (Kehl-Straßburg) legte. Dieses Jahrzehnt markierte Wolfgang Schäubles Aufstieg in Politik und Regierung, der seinen Höhepunkt im Jahr 1990 mit der Wiedervereinigung von Ost- und West-Deutschland fand. Seine Rolle erst als Kanzleramtschef unter Helmut Kohl und später als Innenminister war einzigartig und entscheidend auf dem Weg zur Wiedervereinigung. Schon in den Jahren vor dem

Zerfall des sowjetischen Imperiums hielt er Kontakt mit der ›anderen deutschen Regierung‹, als er 1987 den ersten Staatsbesuch von Erich Honecker in der Bundesrepublik Deutschland organisierte.

Die dramatischen Ereignisse des Berliner Mauerfalls und des endgültigen Endes des Kalten Krieges wurden durch verschiedene Ereignisse in Europa ermöglicht, wie zum Beispiel den Gewerkschaftsaufstand in Polen, die Öffnung der ungarischen Grenze und die veränderte Haltung der sowjetischen Führung. Als junger Mann sah Wolfgang Schäuble wie sein Land und der Kontinent durch den Mauerbau im Jahre 1961 über Jahrzehnte der Feindschaft getrennt wurden. Im Jahre 1989 beobachtete er dann, wie die Menschen in Deutschland und Europa diese Ungeheuerlichkeit niederrissen, und er erkannte sofort, dass dies eine einmalige Chance war, es richtig zu machen: die Etablierung eines vereinigten und friedlichen Deutschlands in einem geeinten und wachsenden Europa.

Während die Europäische Gemeinschaft auf zwölf Mitglieder wuchs – darunter Griechenland, Spanien und Portugal, arbeitete Wolfgang Schäuble unermüdlich daran, die Wiedervereinigung zu vollenden und die Lücken zwischen dem östlichen und westlichen Teil Deutschlands in allen denkbaren Bereichen – wirtschaftlich, sozial, rechtlich und in der Bildung – zu schließen. Im Jahre 1992, besiegelte die Europäische Gemeinschaft dann die Grundlage für die Einführung einer gemeinsamen Währung –

des Euro – durch die Unterzeichnung des Maastricht Vertrags und wurde zur ›Europäischen Union‹. Im folgenden Jahr vollendete sie den Binnenmarkt mit der Einführung der freien Bewegung von Waren, Dienstleistungen, Menschen und Geld zwischen den Ländern, und zwei Jahre später traten dann Österreich, Finnland und Schweden der Union bei. So wie die deutsche Grenze verschwunden war, hatten sich jetzt die Grenzen innerhalb Europas auch weiter und schneller geöffnet. Das fand seinen Höhepunkt im sogenannten Schengen-Abkommen, das viele Grenzkontrollen für EU-Bürger aufhob. Während die Fortschritte in den verschiedenen Bereichen rapide vorangingen, legte Wolfgang Schäuble im Jahre 1994 als Innenminister seine richtungsweisende Vision für ein vereintes Europa in einem Positionspapier dar. Schon damals drängte er, die Handlungsfähigkeit der EU zu stärken und ihre demokratischen und föderalen Eigenschaften zu fördern. Er bestand darauf, dass die »Währungsunion der harte Kern der Politischen Union« sein muss – und nicht umgekehrt –, und um dieses zu erreichen, ermutigte er die EU-Länder, ihre Geld-, Fiskal- und Haushaltspolitik wie auch ihre Wirtschafts- und Sozialpolitik noch enger miteinander abzustimmen, damit »eine gemeinsame, gleichgerichtete Politik« in diesen Bereichen erreicht werden kann. Weise Worte, die mehr als ein Jahrzehnt nach der Einführung der Währungsunion, jetzt wieder im Mittelpunkt der Diskussion zu stehen scheinen.

Als Wolfgang Schäuble 2005 erneut ein Regierungsamt antrat und wieder Innenminister wurde, war der Euro in zwölf EU-Ländern eingeführt und die europäische Wirtschaft wuchs kräftig. Als dann die Schuldenkrise im Jahr 2009 zu köcheln begann, wurde er Finanzminister und widmete sich sofort mit voller Kraft dem wirtschaftlichen Feuersturm, der mit Griechenland begann, sich mit Irland und Portugal fortsetzte und alle anderen in Atem hielt. Seit 2009 ist er stark engagiert und intensiv damit beschäftigt, eine Lösung für die unmittelbare Krise zu finden, ohne gleichzeitig das Gesamtbild aus den Augen zu verlieren, nämlich wie man die gesamte Union in ihren Regeln und ihrem Rahmenwerk stärken und verbessern kann. Zurück ist nie eine Option für ihn, er geht nur voran.

Er ist sich bewusst, dass Deutschland viel durch die europäische Einigung gewonnen hat, und er ist entschlossen, dass man auf den Erfolgen der europäischen Integration aufbauen muss, sie stärken und auch verbessern muss, aber dass man sie nie aufgeben darf. Er versteht, dass die deutsche Wiedervereinigung nur vollendet werden konnte im Zusammenhang mit einem integrierten Europa. Er selbst sagt: »Wenn eine Lösung für Europa gut ist, ist sie gut für Deutschland, und wenn etwas für Europa schlecht ist, kann es nicht gut für Deutschland sein.«

Während der Krise hat er brilliert. Die Financial Times kürte ihn 2010 zum Finanzminister des Jahres. Er verdient viel Anerkennung für die vielen beeindruckenden europäischen Initiativen, die er als Antwort auf die Krise in die Wege leitete. Er ist ein Mann für unsere Zeit, weil er sich eine bessere Zukunft vorstellt und dann versucht, sie zu gestalten. Obwohl er über die Jahre hinweg einige Rückschläge erlitten hat – Rückschläge, die andere niedergeworfen hätten – hat er nie aufgegeben, hat er nie das letztendliche Ziel aus den Augen verloren: ein besseres vereintes Europa.

Wolfgang Schäuble hat früh erkannt, was er als Fehler und Mängel der Europäischen Union wahrnahm: nicht genug steuerliche und finanzielle Konvergenz, nicht genug politische Kohärenz, und zu viele Schlupflöcher um die Regeln zu umgehen. Viele Jahre lang plädierte er dafür, dass die Einführung des Euro von einer tieferen Integration – einschließlich auf der politischen Ebene – hätte begleitet werden sollen. Trotzdem war er fähig, den Weitblick zu bewahren und die geschichtlichen Dimensionen zu verstehen. Als stetiger Optimist, aber immer auch pragmatisch, sieht er die aktuelle Krise auch als Chance, um die Integration voranzutreiben und die Regeln und Institutionen, die für die Währungsunion notwendig sind, zu verbessern.

Er erkennt, dass die Vielfalt, die in einer Gruppe von Ländern existiert – einschließlich ihrer Meinungsvielfalt – notwendig ist, um die Union zu bereichern. Er war schon immer ein Vollblutpolitiker und ein wahrer Verfechter des Pluralismus und der Demokratie. So weiß er, dass endlose Ministertreffen, zahllose vergebliche Diskussionen und die manchmal ungewöhnlichen Kompromisse den Prozess auch voranbringen und bei Zeiten zum Konsens führen. Für ihn ist Politik ein Prozess, der die Entwicklungen in eine bestimmte Richtung lenkt, und diese Richtung ist die europäische Integration. Es ist kein statischer Zustand und es ist auch kein absolutes Ende. Immer ist es ein dynamischer Prozess, der die Europäer einander näherbringen soll, sodass sie weiter in Frieden, Stabilität und Wohlstand leben können, und der jeder folgenden Generation erneut das Gefühl verleiht, dass sie zur Gesellschaft gehört – zu ihrer Gesellschaft.

In den letzen 60 Jahren war die Lebensgeschichte vieler europäischer Politiker eng mit dem Schicksal Europas verflochten, aber selten hat eine Person wirklich das Beste von Europa verkörpert. Wolfgang Schäuble tut das: Der Schutz der Freiheit und Demokratie, sein Bestreben langfristig Frieden und Wohlstand zu sichern, die Liebe zu Land und Heimat und der Stolz auf Europa als eine vielfältige und doch integrierte Union stehen für ihn an oberster Stelle. Und selten hat ein Politiker so unermüdlich und beharrlich darauf hingearbeitet, das Beste in Europa zu wahren. Er ist ein wahrer Verfechter der europäischen Integration mit einer echten Vision: eines besseren vereinten Europas.

Europa – die Antwort der Europäer auf die Globalisierung

Von Karl Lamers

»Europa ist die Antwort der Europäer auf die Globalisierung«, sagte Wolfgang Schäuble 1994 in Replik der Angriffe auf unser gemeinsames sogenanntes »Kerneuropa-Papier«. Und tatsächlich lassen sich der Charakter, die Notwendigkeit, die Unerlässlichkeit, die Unaufschiebbarkeit des europäischen Einigungsprozesses nur in dieser Perspektive zutreffend beurteilen und begründen. Europas Zukunft hängt davon ab, ob diese Antwort zureichend ist.

Die letzten Jahre der Finanz-, Wirtschafts- und Eurokrise ließen oft daran zweifeln – seit dem Fiskalpakt gibt es Grund zur Hoffnung, denn allmählich scheinen die Europäer das Wesen dieses Prozesses Globalisierung zu verstehen. Diese aufeinander folgenden Krisen waren eine überdeutliche Manifestation dieses Phänomens, das alle Aspekte unseres Lebens, nicht nur die politischen, maßgeblich prägt.

Nähern wir uns einem besseren Verständnis durch die Erinnerung an ein Ereignis und an eine Tatsache im 19. Jahrhundert, die beide auch verstehen lassen, wieso es so etwas wie eine europäische Variante von Globalisierung gibt.

Das Ereignis ist das Kommunistische Manifest von 1848. Darin beschreibt Karl Marx mit bewunderungswürdiger Weitsicht das, was wir heute Globalisierung nennen. Und sein Aufruf zur Vereinigung der Proletarier aller Länder lässt sich, unbeschadet seines utopischen Aspektes, als der Versuch bezeichnen, transnationale politische Handlungsmacht wiederzugewinnen, nachdem die nationale durch die Entgrenzungs- und Verselbstständigungstendenzen der Wirtschaft verloren zu gehen schienen.

Diese waren die Folge der Industrialisierung, die seit dem 18. Jahrhundert nicht nur eine außerordentliche Steigerung der Produktion, sondern auch des wirtschaftlichen Verkehrs, und so eine Verflechtung im westlichen, industrialisierten Teil dieses kleinteiligen Kontinents mit sich brachte. Hier war eine Folge die Tatsache einer De-facto-Währungsunion dank fester Wechselkurse und Goldstandards in der zweiten Hälfte des 19. Jahrhunderts. Um dauerhaft zu sein, hätte diese einer übernationalen politischen Absicherung bedurft. Doch im politischen Bereich verlief die Tendenz konträr zu der im gesellschaftlich-wirtschaftlichen – vielleicht gerade in Reaktion zu dieser. Statt auf Kooperation standen die Zeichen auf Konfrontation. Alle Nationen überhöhten das Eigene zum Absoluten, statt das Gemeinsame zu betonen. Der Nationalstaat beanspruchte für sich, Richter in eigener Sache zu sein, und sich nötigenfalls mit Gewalt zu nehmen, was er als sein Recht ansah. Ja, Mitterrand hatte Recht: »Nationalismus bedeutet Krieg.« Dieser zerstörte in zwei Phasen in der ersten Hälfte des 20. Jahrhunderts das, was die Menschen nachher als die gute alte Zeit bezeichneten, und beendete zugleich die Weltdominanz Europas. Die Politik fand keine Antwort auf die neue transnationale Wirklichkeit; sie hatte versagt, und zwar total.

Die Erinnerung macht klar, dass Globalisierung älter ist, als sie heute im allgemeinen Bewusstsein, oft beschränkt auf die zwei Jahrzehnte seit dem Mauerfall, erscheint. Sie ist bei näherem Hinsehen auch älter als die Industrialisierung, die ihr allerdings eine zuvor nicht gekannte Dynamik und eine neue Dimension verliehen hat. Zu Recht hat man sie daher als zweite Menschheitsrevolution bezeichnet. Aber noch genauer betrachtet, ist Globalisierung das Ergebnis der ganzen Geschichte der Menschheit, auch ihres mengenmäßigen Wachstums – ermöglicht durch die erste Menschheitsrevolution des bäuerlichen Wirtschaftens –, eines Wachstums, das seit dem letzten Jahrhundert exponentiell verläuft, wie die Mathematiker eine Entwicklung bezeichnen, die sich berechenbar ungeheuer beschleunigt. Alle Lebensvorgänge verlaufen immer schneller. Beschleunigung ist ein oder gar *das* Wesensmerkmal von Globalisierung. Sodann ist sie das Ergebnis der vor 600 Jahren begonnenen europäischen Ausbreitung, in deren Verlauf alle Völker die europäische Art des Lebens, des Arbeitens und Wirtschaftens übernommen haben und weiter übernehmen, und schließlich hat die transnationale Wirklichkeit durch die digitale Kommunikationsrevolution unserer Tage nochmals eine qualitative Steigerung erfahren.

Die technologische Ausprägung unserer Zivilisation hat auch Auswirkungen auf *das globale System Natur*. Sie hat diese so stark beschädigt, dass die Spezies Mensch bedroht ist, denn er ist ein Teil von ihr. Deswegen ist Umweltschutz ein missverständlicher Begriff, weil es nicht um etwas um uns herum, etwas außerhalb unserer selbst geht. Auf keinem anderen Gebiet der Globalisierungsproblematik ist so klar wie hier, dass nur globale Maßnahmen dieses globale Problem lösen können. Kopenhagen hat gezeigt, wie unendlich schwer die dazu notwendigen internationalen Vereinbarungen zu erreichen sind. Das Bewusstsein von Größe und Dringlichkeit der Herausforderung ist noch keineswegs überall vorhanden – zum Beispiel auch nicht in den USA; sie konnten nicht führen, sondern nur bremsen. Wenn überhaupt, so kann dies auf diesem Felde nur Europa. Es hat noch am ehesten begriffen, dass es hier um nicht mehr und nicht weniger geht, als um eine andere Form unseres Lebens, unserer Zivilisation also. In Durban hat Europa bewiesen, dass es dazu in der Lage ist.

Warum werde ich so grundsätzlich? Wenn Globalisierung ein so tiefer geschichtlicher Prozess ist, dann ist er unumkehrbar, und er ist auch nicht nur etwa die Folge der sogenannten Liberalisierung, die allerdings die Grenzen sprengende Wirklichkeit weiter verdichtete. Die Liberalisierung war vielmehr eine nur politische Reaktion auf die Wirklichkeit. Sie versäumte es allerdings, anstelle der durch sie abgelösten nationalen Regelungen neue globale zu setzen. Stattdessen überließ sie alles dem so genannten *freien Spiel der Kräfte* des Marktes. Die Folgen haben wir in den vergangenen zwei Jahren schmerzhaft zu spüren bekommen. Das Versäumte nachzuholen, ist also das Gebot der Stunde. Globalisierung rückgängig machen zu wollen oder sich von ihr abzukoppeln, ist ungeschichtlich, also unmöglich.

Die Antwort, die wir auf das geschichtliche Phänomen Globalisierung geben müssen, ist also im strengen Wortsinn eine *notwendige*. Sie ist notwendig, weil die Politik grundsätzlich nach wie vor nach dem Territorialprinzip von Macht organisiert ist, das heißt, der Staat beansprucht, innerhalb fester Grenzen Allein-, Letzt- und Allzuständigkeit. Dies ist Souveränität im traditionellen Verständnis. Die Wirklichkeit aber, mit der es die Politik heute zu tun hat, ist auf zentralen Feldern immer mehr und mehr grenzüberschreitend, ist transnational, ist global. Deshalb nannten Schäuble und ich sie damals eine »leere Hülse«. Hegels Diktum im Ohr: »Freiheit ist die Einsicht in die Notwendigkeit«, nicht mehr nur zu fragen, was wir wollen, sondern vor allem, was wir *müssen!* Und was man muss, muss man auch wollen, und zwar, um es gestalten zu können.

Für Europa ist es noch notwendiger als für andere Erdteile und als für den ganzen Globus, eine neue, transnationale Politikorganisation zu finden, weil die grenzüberschreitende Wirklichkeit in unserem kleinteiligen Erdteil auf einer gemeinsamen kulturellen Basis schon immer dichter war als anderswo und sich durch die Industrialisierung auch früher als anderswo enorm intensivierte. Und schließlich hat jeder Schritt der wirtschaftlichen Integration des Binnenmarktes, von der Gemeinschaft für Kohle und Stahl bis hin zur Wirtschafts- und Währungsunion Folgen gehabt, die an den Spruch Goethes erinnern: »Im Ersten sind wir frei, im Zweiten sind wir Knechte.«

Entweder haben alle Europäer eine gemeinsame Zukunft, oder sie haben gemeinsam keine Zukunft. Aber nicht nur diese internen Gründe zwingen uns, die Einheit Europas zu schaffen. Gleichrangig daneben und untrennbar mit dieser Herausforderung verbunden, steht die Aufgabe, maßgeblichen Einfluss auf eine unerlässliche globale Gesetzgebung auszuüben. Jedes einzelne europäische Land ist dazu zu klein und zu schwach.

Eine Folge der Globalisierung ist nämlich eine fundamentale Machtverschiebung in der Welt, durch welche nichtwestliche Völker eine immer bedeutsamere Rolle spielen. *Zahlreich, aber elend und machtlos*, gilt nicht mehr. »Die Macht der Zahl«, von der Raymond Aron spricht, lässt sich am Beispiel Deutschlands verdeutlichen. Noch ist dies das bevölkerungsreichste Land in der EU, sein Anteil an der Weltbevölkerung aber beträgt nur etwa ein Prozent, bei sinkender Tendenz. Andere Zahlen, wie

Deutschlands Anteil am Welthandel und an der Weltwirtschaft, verändern sich noch schneller zu seinen Lasten.

Und schließlich, doch keineswegs zuletzt, hat Europa eine historische Verantwortung, »einen Beitrag für eine bessere Welt« zu leisten, wie Jean Monnet die europäische Einigung bezeichnete. Schließlich hat es die Welt maßgeblich zu jener Einen gemacht, die aber zugleich zutiefst uneinig, weil ungleich, ungerecht und vor allem ungleichzeitig ist, denn nicht alle Menschen, die *zur* gleichen Zeit leben, leben auch *in* derselben Zeit. In dieser Welt vor-zumachen und vor-zuleben, wie alle Völker miteinander leben müssen, ist Europas Pflicht, aber auch seine Chance. Gottlob wird ihm diese Aufgabe erleichtert durch seine gemeinsame kulturelle Basis.

Die geschichtliche Perspektive der Globalisierung auf den europäischen Einigungsprozess heißt nicht, dass es eine automatische Übertragung aller Zuständigkeiten auf die EU geben sollte, schon gar nicht immer eine im Sinne einer zentralistischen Lösung, aber sie bedeutet einen Perspektivwechsel: Nicht der, welcher eine europäische Lösung will, muss dies begründen, sondern der, welcher sie ablehnt. Dies klingt für manche Ohren noch geradezu abwegig, doch binnen kurzem wird es so sein.

Wenn wir uns nun fragen, wie die bisherige Antwort der Europäer grundsätzlich zu beurteilen ist, so lautet das Urteil aus historischer Sicht: Großartig! Ja, wenn wir bedenken, welche Opfer von Menschenleben, aber auch von materiellen Gütern es gekostet hat, wie viele zivilisatorische Katastrophen damit verbunden waren und wie viele Jahrhunderte es gebraucht hat, um das noch gültige, aber eben durch die Globalisierung überholte Territorialprinzip von Macht durchzusetzen, dann ist zu bewundern, wie die EU in nur sieben Jahrzehnten zu einem so beachtlichen Faktor in der Welt herangewachsen ist, und wir dürfen stolz darauf sein. Die EU ist zum Modell für regionale Zusammenschlüsse in aller Welt geworden.

Für Pessimismus gibt es keinen Grund – wohl aber für Sorge. Denn wie die Reaktionen Europas auf die noch immer nicht ausgestandene Weltfinanz-, Weltwirtschafts- und Eurokrise überdeutlich gezeigt hat, geht die Gemeinsamkeit nicht weit genug und zu langsam. Wenn auch der europäische Einigungsprozess in historischer Perspektive sehr schnell verlaufen ist, können wir doch nicht übersehen, dass die Wirklichkeit, auf die Europa antworten muss, sich noch schneller verändert. Wiederum lautet das Stichwort *Beschleunigung*. Sie ist, wie gesagt, das vielleicht wesentlichste Merkmal der Globalisierung. Sie verändert in atemberaubender Schnelligkeit das Leben eines jeden Einzelnen wie das der Völker. Und nur allzu oft überfordert sie die Menschen wie auch die Politik.

Die Menschen sind verunsichert, ja sie haben Angst, Angst vor den Folgen der Globalisierung, vor Migration, vor Überfremdung, vor dem transnationalen

Terrorismus, und vor allem – bis in die Mittelschichten hinein – vor sozialem Abstieg im globalen Wettbewerb. Angst ist ein schlechter Ratgeber im Leben. Sie kontrastiert krass mit der Hoffnung der Menschen in den aufstrebenden Nationen. Sicherheit ist bekanntlich das Primärziel der Politik. Nach ihr verlangen die Menschen noch mehr als nach Freiheit. Die nationale Politik aber scheint ihnen Sicherheit nicht mehr gewährleisten zu können. Sie beginnen zu ahnen, weshalb das so ist, denn die Entgrenzung durch die transnationale Wirklichkeit entzieht der nationalen Politik den Boden. Damit wird auch das nationale Selbstverständnis verletzt, denn als *National*-Staat ist der Staat nicht nur eine Organisationsform von Politik, sondern auch eine Lebensform, das heißt, wie sich eine staatlich verfasste Gemeinschaft politisch, sozial und kulturell eingerichtet hat und sich selbst sieht.

Fast überall wählen die Bürger populistische Parteien, die ihnen versprechen, die Ursachen ihrer Ängste zu beseitigen, sie vor den Folgen der Globalisierung zu schützen. Das Gerechtigkeitsgefühl wird verletzt, wenn die Einkommensunterschiede immer krasser werden. Gerechtigkeit ist nicht gleich Gleichheit, aber wir wissen, dass Gesellschaften mit einem nicht zu weit gehenden Maß an Ungleichheit stabiler sind als solche mit krassen Unterschieden. Das europäische Modell eines Gleichgewichts zwischen einer liberalen Wirtschaftsordnung und einer solidarischen Gesellschaftsordnung ist aber in Gefahr.

Kann die Erde die Last tragen, wenn alle Menschen so leben, wie bisher nur wir im Westen? Reicht es, wenn ein Wechsel zu nachhaltigem Wachstum gelingt, und müsste er und wie bald könnte er erfolgen, oder müsste ganz auf Wachstum verzichtet werden – aber widerspräche dies nicht der menschlichen Natur?

Wenn die Politik das Notwendige tut, sich also an die Globalisierung anpasst, meist mit Folgen für den sozialen Bereich, wird sie abgewählt; wenn sie es nicht tut, jedoch auch. Hier liegt der Charme von unabhängigen Institutionen wie der EZB und – eingeschränkt – der Kommission; ihre Wirksamkeit beruht auf ihrer Unabhängigkeit vom Demos, also auf – Misstrauen. Auch die quasi automatischen Sanktionen des Fiskalpaktes beruhen auf diesem Prinzip.

Der Übergang von der parzellierten zu der Einen Welt ist eben ein fundamentaler. Wie könnte es da ohne Krisen abgehen? Mit dem Nationalstaat steht auch die Demokratie auf dem Prüfstand. Es zeigt sich, dass die ihr zugrunde liegende Annahme des *mündigen Bürgers* ein Ideal mit fiktiven Zügen ist. Oder, wie Churchill sagte: »Das stärkste Argument gegen die Demokratie ist ein fünfminütiges Gespräch mit einem Durchschnittswähler auf der Straße.« Wie könnte es auch anders sein: werden die politischen Materien doch immer komplexer und schwerer zu durchschauen! Dasselbe gilt für das Zuständigkeitsgefüge zwischen Nationalstaat und Europa.

All diese Gefühle richten sich zunehmend gegen Europa. Die Bürger empfinden Europa zunehmend als Teil des Problems Globalisierung und nicht als Schutzschild vor dieser. Ja, man kann in der Tat Europa sogar als eine besonders radikale Form von Globalisierung betrachten: zieht es doch aus den Entgrenzungstendenzen vor allem, aber keineswegs nur der Wirtschaft, die Konsequenz, *alle* Arten von Grenzen, die einem ungehinderten Austausch von Menschen und Ideen und von Gütern aller Art, entgegenstehen, zu beseitigen. Der ungeheure Nutzen, den das für alle gebracht hat, wird immer weniger gewürdigt. Aber natürlich, wir müssen an der Fiktion des mündigen Bürgers, wir müssen an der Demokratie festhalten, weil wir keine bessere Idee von einer menschenwürdigen Ordnung kennen. Deswegen ist alles, was ich hier über den Demos gesagt habe, eine Erklärung, aber keine Entschuldigung für die Unzulänglichkeiten der europäischen Politik in den letzten Jahren.

Die Eurokrise ist eine exemplarische und illustrative Konkretion der Grundsituation Europas. Die Euromitglieder fanden sich wie über Nacht in einer Gemeinschaft wieder, für welche die Bezeichnung »schicksalhaft« nicht übertrieben pathetisch erscheint. Die Deutschen vor allem zögerten zunächst, die offenkundig notwendigen Konsequenzen aus dem drohenden Bankrott einiger Eurostaaten mit fatalen Folgen für alle anderen und das ganze System zu ziehen, das heißt, Geld, sehr viel Geld, in Form von

Bürgschaften oder Garantien, zur Verfügung zu stellen und damit ihrer Verantwortung gerecht zu werden. Nur Wolfgang Schäuble – der von Amts wegen knauserige Finanzminister – erkannte sofort die Notwendigkeit, aus Solidarität wie Eigeninteresse, und schlug einen europäischen Währungsfonds vor, also das, was später unter der Bezeichnung ESFS und EMSF beschlossen wurde. Er erkannte, dass Zaudern und Zögern, wie es die übrige deutsche Politik seit der Finanzkrise praktizierte, ehe sie dann doch zustimmte, die Gefahr eines Kollapses des ganzen Eurosystems mit unübersehbaren Folgen wirtschaftlicher und politischer Art für ganz Europa, ja auch für die Weltwirtschaft, zur Folge haben würden. Deutschland ist aber integraler Bestandteil eines überwölbenden Ganzen, Mitakteur in einem Geschehen, dessen Hauptnutznießer es ist; seinen Exportüberschüssen entsprechen die Defizite der anderen. Sein nationales Interesse ist die Folge seines tatsächlichen *Dazwischen-Seins*, also seines *inter esse*.

In der öffentlichen Debatte hingegen herrschten über Monate Unkenntnis, Verwirrung, Unverständnis, Nichtverstehen und im Boulevard und an den Stammtischen beschämender Chauvinismus – »die faulen Griechen« – und so fort.

Natürlich, unmittelbare Schuld an der Krise hatten die Deutschen nicht. Sie hatten aufgehört, sich übermäßig zu verschulden, eine verfassungsrechtliche Hürde dagegen aufgebaut; unter Schäuble wurde mit dem Sparen ernst gemacht. Aber in den neunziger

Jahren waren die Deutschen der kranke Mann Europas, und Jacques Chirac und Gerhard Schröder schwächten den Stabilitätspakt auch formell ab. Deutschland verlor jede Autorität als Mahner und verkaufte stattdessen an Portugal und Griechenland sündhaft teure und sicherheitspolitisch unnötige Panzer und U-Boote auf Kredit – vulgo Pump.

Doch endlich setzte sich die Erkenntnis durch: Wenn man etwas tun muss, muss man es auch wollen, um es zu gestalten. Im Fiskalpakt verband Deutschland die Hilfe mit der zwingenden Verpflichtung zur Stabilitätspolitik. Der Pakt ist mehr als ein Politikwechsel, er ist ein Paradigmenwechsel von Gegenwartsfixierung zu Zukunftsorientierung. Durch ihn zwingen sich die Europäer zu den längst überfälligen Reformen der Strukturen ihrer Volkswirtschaften und Gesellschaften, machen sich wettbewerbsfähiger nicht nur untereinander, sondern auch – und noch wichtiger – gegenüber den aufstrebenden Völkern; mit anderen Worten, der Fiskalpakt soll leisten, was der Stabilitätspakt nicht geleistet hat – auch durch deutsches Versäumen.

Die betroffenen Länder haben begonnen, Ernst zu machen mit Einsparungen und Reformen, und beginnen, erste Erfolge zu verzeichnen, wie vor allem der Fall Italien beweist. Sie stehen gewiss noch vor schwierigen Zeiten, das Sparen und die Reformen fordern den Menschen manch harte Umstellungen ab; so sind sie auch, ja nicht zuletzt, eine Herausforderung für die Demokratie. Deutschlands Aufgabe ist es, diese Länder nicht nur zu ermahnen – das zwar auch –, sondern sie auch zu ermutigen, indem es etwa die Idee eines europäischen Marschallplans zur Wachstumsförderung mit vorantreibt. Europa muss und kann auch durch diese Krise zusammenwachsen. Das hat es schon in der Vergangenheit erfahren: Es hat sich von Krise zu Krise weiterentwickelt. Krisen sind der natürliche Entwicklungsmodus geschichtlicher Großprojekte. Und man fühlt sich an *die List der Geschichte* erinnert, wenn man bedenkt, dass die EU gerade durch den Fiskalpakt nun institutionell gestärkt ist und sich selbst gezwungen sieht, nicht nur zu sparen und zu reformieren, sondern Ernst zu machen mit einer gleichgerichteten, ja gemeinsamen Wirtschaftspolitik.

Unmittelbar jetzt muss die europäische Union beginnen nachzudenken über einige rechtlich-institutionelle Fragen, die sich aus den bisherigen Beschlüssen ergeben. Nur ein Provisorium darf der Fiskalpakt als völkerrechtlicher Vertrag außerhalb des EU-Vertragswerks bleiben; er muss auf Dauer in dieses eingefügt werden. In seiner jetzigen Form ist er nur ein Notbehelf.

Damit die EU nie mehr in eine solche Verlegenheit kommt, wäre die sauberste Lösung eine *Modifizierung des Einstimmigkeitsgebots* bei Vertragsänderung. Eine qualifizierte doppelte Mehrheit von Mitgliedsländern und Bürgern sollte dann reichen, um ihr zu ermöglichen, im Rahmen des ganzen EU-Vertragswerks (*Vertrag im Vertrag* nach Jacques Delors) eine gemeinsame Politik zu betreiben, ohne, dass die Minderheit gezwungen wäre, entweder mitzumachen oder auszuscheiden. Ein solcher Weg wäre angemessener als die Opt-out-Lösung beim Euro oder Schengen; er würde, nach all den Erfahrungen des europäischen Einigungsprozesses, zur Bildung einer Kerngruppe führen, die sich an allen Politikbereichen beteiligte, aber zugleich eine magnetische Wirkung entfaltete, also den Zusammenhalt förderte.

Im Übrigen muss sorgfältig geprüft werden, welche Vertragsänderungen sich als Folge des erheblichen Bedeutungszuwachses der EU als notwendig erweisen. Schon jetzt kann man sagen, dass das Gleichgewicht zwischen den Institutionen durch den Fiskalpakt und die »Wirtschaftsregierung« – wenn diese so arbeitet wie erhofft – sich zugunsten des Rates und zu Lasten des Europäischen Parlaments – vielleicht auch zu Lasten der Kommission – verschoben hat. Das schon zuvor beklagte Demokratiedefizit hat sich noch vergrößert. Gewiss, zuerst müssen der Höhepunkt der Eurokrise überwunden und Erfahrungen mit den neuen Einrichtungen gesammelt sein, bevor man mit offiziellen Arbeiten an eine Vertragsreform herangeht. Aber nachdenken sollte man schon ab sofort.

Das sollte vor allen Dingen jetzt auch Deutschland tun. Es sollte sich klar darüber werden, was es muss. Die Eurokrise hat hinlänglich, ja überdeutlich klar gemacht, was es wollen muss. Und schließlich haben auch alle entscheidenden politischen Parteien, die Wirtschaft und – nicht hoch genug zu würdigen – die Gewerkschaften *Einsicht in die Notwendigkeit* bewiesen und tragen die Beschlüsse der Staats- und Regierungschefs mit. Die öffentliche Auseinandersetzung zuvor aber, zum Teil bis heute noch weitergehend, ist geprägt von zuviel Unkenntnis und Unverständnis, von zuviel Enge, Angst und Abwehr. Das ist von Deutschlands Partnern mit umso größerer Sorge bemerkt worden, als sie sich der zentralen Rolle unseres Landes, gerade in der derzeitigen Phase des europäischen Einigungsprozesses, voll bewusst sind.

Was das Unwissen, das Nichtverstehen der außerordentlich komplizierten Wirklichkeit angeht, so muss die Politik eine große Initiative ergreifen, um sie den Bürgern wirklich begreiflich zu machen. Das mag naiv erscheinen, wird diese Wirklichkeit doch immer schon durch eine parteiische Brille gesehen, von Politikern und Medien, aber auch von Bürgern. Doch manche Grundtatsachen der Wirtschafts- und Finanzwelt lassen sich mithilfe didaktischer Methoden gut verständlich darstellen, ebenso wie die europäischen und weltweiten Zusammenhänge.

Natürlich machen massive Voreingenommenheiten dieses Geschäft schwer. Von Beginn an über die Beratungen der Rettungsmaßnahmen für die vom Bankrott bedrohten Euroländer bis heute wurde und wird argumentiert, durch diese werde die Eurogruppe zu einer Haftungsgemeinschaft. Könnte man das nicht geradezu komisch finden angesichts der unbestreitbaren Tatsache, dass wir faktisch längst eine solche Haftungsgemeinschaft sind, unentrinnbar? Die Brüssler Beschlüsse zogen aus dieser Tatsache nur formelle, das heißt institutionelle Konsequenzen, um die Folgen zu regeln und einzudämmen. Dass hinter der Kritik an den Beschlüssen mehr steckt als sachliche Einwände von sogenannten Experten, zeigt schon die polemische Bezeichnung von den »Rettungseuropäern«.

Eine skeptische Grundhaltung gegenüber dem europäischen Einigungsprozess spricht auch aus den Urteilen des Bundesverfassungsgerichts seit dem Maastricht-Verfahren. Mit ihnen sich offensiv auseinanderzusetzen, erfordert nicht nur, deren problematische Inhalte und ihre Wirkung, die sie bei den Europagegnern und -skeptikern erzielen, sondern auch die Tatsache, dass nicht nur ausgeschiedene, sondern auch amtierende Richter, bis hin zum Präsidenten, durch häufige öffentliche Stellungnahmen zu zentralen Elementen aus früheren Urteilen in den politischen Meinungskampf eingreifen.

Wesentliche Stichworte sind: *Souveränität*, die den Mitgliedstaaten in ausreichendem Maße belassen bleiben müsse, um die wirtschaftlichen, kulturellen und sozialen Lebensverhältnisse in eigener Verantwortung gestalten zu können. Weiter dürfe der Einigungsprozess nicht gehen. – Also müsste der europäische Einigungsprozess jetzt zu Ende sein … Abgesehen von allen anderen Fragen, die sich gegenüber einem solchen Diktum stellen: Damit verkennt das Gericht total den Wesensgrund des europäischen

Einigungsprozesses: Reale Gestaltungsmacht durch Verzicht auf formale, aber inhaltsleer gewordene Souveränität zu gewinnen, das heißt, es verkennt das Wesen von Globalisierung, speziell in ihrer europäischen Ausprägung.

Zweites Stichwort: *Demokratie* in Europa. Wäre die Kritik des Gerichtspräsidenten am Wahlrecht für das Europäische Parlament wegen Ungleichheit des Stimmengewichts nach Nationen gerechtfertigt, so wären die USA ein außerordentlich undemokratisches Land, entsenden doch die Wähler der jeweils nur ein paar Hunderttausend zählenden Neuenglandstaaten ebenso je zwei Senatoren nach Washington, wie die mehr als achtzehn Millionen Wähler zählenden Kalifornier. Hier, wie im Europäischen Parlament, ist die überproportionale Vertretung der kleinen Staaten und Nationen Ausdruck des Respekts vor ihnen und der Abkehr vom reinen Machtdenken; also doch zweifelsfrei ein Fortschritt!

Ist diese Kritik des obersten Gerichts schon schwer verständlich, so ist die des früheren Gerichtspräsidenten an dem fehlenden Charakter der Europäer als Volk, als *demos*, welches Europa allein demokratisch legitimieren könne, nur als sogenanntes Totschlagargument zu bezeichnen. Denn dann dürfte es ein Europa mit Hoheitsgewalt überhaupt nicht geben. Eine politisch verfasste und demokratische Gemeinschaft könnte es demnach nur in Form einer Nation geben. Bilden die deutsche, französische, italienische und rätoromanische Gemeinschaft in der

Schweiz ein einziges Volk in diesem Sinne? Wohl kaum. Und dennoch haben sie einen nicht nur außergewöhnlich erfolgreichen, sondern auch mustergültig demokratischen Staat geschaffen. Völker als politisch verfasste Gemeinschaften sind nicht gewissermaßen naturwüchsig von allem Beginn an gewesen, sondern *geworden*.

Und auch Europa *wird* im Vollzug; es ist sich auch seiner Zusammengehörigkeit in den letzten Krisen bewusster geworden.

Drittes Stichwort: Ähnliches lässt sich von dem *Identitätsargument* im Lissabon-Urteil sagen. Schon die (alten) Griechen hatten mit dem Gleichnis vom Schiff des Themistokles scharf und anschaulich erkannt, dass Identität immer dem Werden unterworfen ist. Natürlich gilt das auch für ein Verfassungsverständnis. Zum Wandel des Verfassungsverständnisses haben in Deutschland nicht nur Änderungen des Grundgesetzes, sondern auch Urteile des Bundesverfassungsgerichts beigetragen, darunter solche in europarechtlichen Fragen.

Folglich ist die überkommene Denkweise des Gerichts statisch, unhistorisch und insoweit auch unpolitisch, weil letztlich am Modell des Nationalstaates orientiert. »Der Nationalstaat aber«, sagte der große Franzose Raymond Aron, »ist nicht das Ziel der Geschichte.«

Das Bundesverfassungsgericht hat gewiss nicht allein oder entscheidend zu einer skeptischeren Europa-Haltung der Deutschen beigetragen, wie sie in der

Eurokrise zutage getreten ist; es hat sie aber *salon-fähig* gemacht.

Europa ist unerlässlich, aber Europa reicht nicht aus.

Die Welt ist zwar EINE, doch alles andere als eine einige Welt. Im Gegenteil, sie ist zerstritten, weil ungleich, ungerecht und ungleichzeitig. Wahrhaft existentielle Probleme harren dringend einer Lösung oder mindestens einer Annäherung daran. Das existentielle Problem schlechthin ist die weitere Bewohnbarkeit unseres blauen Planeten. Immer wieder brechen gewaltsame Konflikte aus – auch atomare sind nicht auszuschließen –, Hungersnöte gehören noch immer zur Normalität, Migrations-Ströme desgleichen. Ohne eine gerechtere Weltwirtschafts- und Sozialordnung kann die Welt nicht friedlicher werden.

Wie sehr Europa von dieser einen Welt abhängt und diese von ihr, macht die aktuelle Krise deutlich: China und die USA – und nicht nur diese – sorgen sich um ihre eigene wirtschaftliche Entwicklung, und im Falle Chinas damit auch um ihre politische Stabilität, und mit China sorgen sich alle Völker um die seine wie um die ihre. Die große Herausforderung einer stabilen Welt- und Finanzordnung lässt sich wirkungsvoll eben nur global lösen, wie das Beispiel einer Finanztransaktionssteuer bereits erkennen lässt.

Und was tut Europa im Verhältnis zu den *Anderen*? Beschämend wenig. Libyen? Durban? Was immer noch Außenpolitik genannt wird, ist in Wahrheit doch längst Innenpolitik.

Jedoch bei allem Respekt vor der Leistungskraft des größten EU-Landes, ohne die anderen, auch die kleinen europäischen Mitglieder, kann es alleine nichts ausrichten. (Übrigens hat die Klimakonferenz von Durban, allen Unkenrufen zum Trotz, bewiesen, dass es dann ein Stück weitergeht.)

Auch für den inneren Zusammenhalt Europas ist die Beziehung zu allen anderen dieser Einen Welt von entscheidender Bedeutung, denn europäische Identität entwickelt sich durch Identifikation mit dem Eigenen im Verhältnis zu dem Anderen.

Ja, um es zu wiederholen, *Europa ist ein Beitrag zu einer besseren Welt!* Wenn wir dieses Wort Jean Monnets mit Leben füllen wollen, also unsere eigene europäische Welt immer besser gestalten und der übrigen Welt dabei helfen wollen, da beides zusammengehört, dann müssen wir vorab besser, viel besser als bislang, lernen, diese Welt und uns selbst mit den Augen der Anderen zu sehen; sie sähe dann erstaunlich *anders* aus ... Sogar im Verhältnis von uns Europäern untereinander haben wir diesbezüglich dazuzulernen.

Wenn auch in aller Bescheidenheit, so doch in aller gebotenen Klarheit, müssen wir Deutsche allerdings ins Auge fassen, dass gerade wir eine zentrale Verantwortung für Europa tragen. Sie ist, obwohl unentbehrlich, selbstredend nicht hegemonial gedacht; das passte weder zu unserer Macht noch zu unserer Geschichte, was glücklicherweise alle entscheidenden politischen Kräfte in unserem Land verinnerlicht haben. Deswegen haben sie alle das europäische Rettungsprogramm mitgetragen, obwohl es nicht eben populär ist.

Verbesserungswürdig ist noch die Art und Weise, in der wir unsere Politik vertreten. Zu oft ist sie dogmatisch. Und wenn wir automatische Sanktionen fordern oder unsere Vorliebe für unabhängige Institutionen immer wieder hervorheben, so müssen wir uns bewusst sein, wovon sie unabhängig sein sollen: von der Politik und damit vom *demos*. Darüber wäre nachzudenken.

Nachzudenken, um es zu wiederholen, ist vor allem über unser nationales Selbstverständnis und dessen Verhältnis zu unserem europäischen.

Das fordert einen Rückblick auf die Geschichte – natürlich die ganze. Allerdings bildet das Jahr 1945 einen so tiefen Einschnitt, dass man es als Ausgangspunkt wählen darf, hat man es doch als *das Jahr Null* bezeichnet. Schon kurze Zeit hernach, nachdem Deutschland unvorstellbares Leid und Zerstörung über den ganzen Kontinent gebracht und seine Ehre verloren hatte, wurde sein größerer westlicher Teil wieder in den Kreis der ehrenwerten Völker aufgenommen. Das war, weiß Gott, *Zuwendung ohne Verdienst*, wie es bei Luther heißt.

Deutschland hat diese Chance genutzt; es hat eine Wirtschafts- und Sozialordnung geschaffen, von der Jacques Delors im Palais Bourbon einmal vor einer großen Zahl prominenter Franzosen erklärte, sie sei das Modell für Europa. Auch seine demokratische

Ordnung ist anerkannt. Das alles wäre ohne den Verbund mit den europäischen Völkern und ohne die Unterstützung der USA nicht möglich gewesen, und ebenso wenig schließlich die Wiederherstellung der nationalen Einheit des ganzen Landes.

Als Europäer wird Wolfgang Schäuble mit tiefer Befriedigung den Einheitsvertrag ausgehandelt haben und sich jetzt wieder in einer besonderen europäischen Verantwortung sehen.

Ganz Deutschland befindet sich an diesem Wendepunkt der europäischen Geschichte in einer besonderen Verantwortung. Ist das kein Grund für tiefe Dankbarkeit und leisen Stolz? Und entschlossenes Handeln, statt Enge, Angst und Abwehr? Denn:

Im engen Kreis verenget sich der Sinn, es wächst der Mensch mit seinen größeren Zwecken.

Zwar ist uns dieses Pathos eines Friedrich Schiller ein wenig fremd geworden. Eine Antwort auf die EINE WELT zu finden, gehört jedoch zweifellos zu diesen größeren Zwecken, die uns europäische Menschen, wenn wir nur unseren engen nationalen Kreis überwinden, wachsen lassen.

Zum Verhältnis von Politik und Moral

Von Karl Kardinal Lehmann

I.

Die Diskussion über das Verhältnis von Politik und Moral beschäftigt uns immer dann intensiv, wenn bestimmte Vorgänge eine öffentliche Aufmerksamkeit erwecken. Ist das Interesse geschwunden, dann gelten für viele wieder wohlfeile Parolen, zum Beispiel »Politik ist ein schmutziges Geschäft« und »Politik verdirbt den Charakter«. »Politikverdrossenheit« wird zusätzlich zu einer Entschuldigung dafür, selbst keine Verantwortung für die politische Gestaltung des Gemeinwohls mitzutragen.

Dabei wird übersehen, dass eine solche falsche Charakterisierung die Gefahr der Selbstgerechtigkeit in sich birgt. Zwar hat die Anwendung der sittlichen Normen im politischen Handeln eine andere Gestalt als im privaten Handeln, aber diese sittlichen Normen sind grundsätzlich für beide Bereiche doch dieselben. Die berechtigte Empörung über die Missachtung sittlicher Normen im politischen Handeln darf nicht darüber hinwegtäuschen, dass viele harte Kritiker sittlichen Forderungen gegenüber im privaten und gesellschaftlichen Bereich oft sehr großzügig sind. Es ist jedoch gerade im Bereich der Moral nicht erlaubt, grundsätzlich mit zweierlei Maß zu messen und dadurch vielleicht sogar heuchlerisch zu werden.

Auf der anderen Seite ist politisches Handeln grundlegend auf die Gemeinschaft und das Gemeinwohl ausgerichtet. Insofern ist es berechtigt, dieses Handeln einer besonderen öffentlichen Kontrolle zu unterziehen und strenge Maßstäbe anzulegen. Die Demokratie ist in hohem Maß darauf angewiesen. Politische Macht ist in ihr treuhänderisch übertragen: im Auftrag der politischen Gemeinschaft und auf Zeit. Zur Besonderheit des politischen Handelns gehört schließlich die Ausstattung mit Gewalt. Dem Staat – und damit seinen Repräsentanten – ist die Gewaltanwendung vorbehalten. Die Gemeinwohlorientierung und das Gewaltmonopol geben dem politischen Handeln eine eigene Qualität und stellen es deshalb auch unter besondere Anforderungen.

Die begriffliche Unschärfe in dem Beziehungsfeld von Politik, Recht und Moral erschwert die Diskussion. Ohne Zweifel sind diese Begriffe mehrdeutig und werden in verschiedenen Bedeutungskonstellationen einander zugeordnet. Recht und Moral sind zwar keine völlig voneinander getrennten Bereiche. Aber im Blick auf ihr Verhältnis ist deutlich, dass nicht alle moralischen Forderungen auch gleichzeitig rechtliche sind. Das Recht ist eine Ordnung, zu deren Durchsetzung staatliche Sanktionen zur Verfügung stehen. Eine staatliche Rechtsordnung kann für sich allein nicht die unmittelbare Aufgabe haben, die Bürger mit rechtlichen Mitteln zu einer größeren Sittlichkeit anzuhalten, schon gar nicht allein mit strafrechtlichen Mitteln. Da die Moralität an die freie Zustimmung der Subjekte gebunden ist, kann sie durch keine noch so strenge Rechtsordnung herbeibefohlen werden. Das Recht hat andere Aufgaben als die Moral. Man kann die Konflikte des Gewissens mit dem Gesetz nicht einfach aufheben, wie es ein marxistisches Gesellschaftsverständnis meint. Eine gewisse Differenz zwischen Recht und Moral enthält auch einen Ansatz zur Freiheit. Wer ein Rechtssystem schlechterdings auf Moralität verpflichtet, kann ein Tyrann werden, und doch ist ihm der letzte Zugang zur Moralität verwehrt. Auf der anderen Seite darf man die Beziehung von Moral und Recht nicht nur negativ abgrenzen. Bei den fundamentalen Rechtsnormen ist dies ohnehin nicht möglich (vgl. den Schutz des Lebens und der Menschenwürde). Grundrechte und Grundwerte werden zwar mit Recht unterschieden, lassen sich aber nicht völlig voneinander trennen. Im übrigen prägt die jeweils gültige Rechtsordnung faktisch weithin das Leitbild dessen, was sittlich erlaubt ist. Ein Ethos kann sich nur schwer durchsetzen, wenn das rechtlich Erlaubte, das in Spannung oder gar in Widerspruch zu einer ethischen Norm steht, beinahe fraglos erscheint. Was rechtlich unbeanstandet möglich ist, erscheint nur allzu leicht auch als das moralisch Erlaubte. In diesem Sinne hat jede Rechtsordnung mindestens indirekt eine große Rückwirkung auf das sittliche Bewusstsein und das gelebte Ethos.

Schließlich ist noch Genaueres zum Begriff der »Moral« anzumerken. Die moralische Beurteilung beschränkt sich nicht auf die Gesinnung, aber sie kann davon nicht absehen. Die Moralität als Inbegriff der Motive und Bestimmungsgründe des Handelns bezieht sich auf den Verantwortungsraum der Person. Diese personale Sittlichkeit lässt sich nicht schon an der Handlung als solcher, sondern erst am subjektiven Grund des Handelns ausmachen, das heißt am Willen. Moralität besteht demnach auch nicht schon in der Übereinstimmung einer Handlung mit pflichtgemäßem Handeln. Dieses wird deshalb nicht abgewertet. Moralität findet sich erst dort, wo die Pflicht zugleich selbst sittlich gewollt ist. Sie besteht zum Beispiel darin, dass man nicht bloß deshalb ehrlich und hilfsbereit ist, weil man dann in besserem Ansehen steht, sondern weil man Aufrichtigkeit und Hilfsbereitschaft als solche will. Darum unterscheidet man zwei Arten des Verhältnisses zur moralischen Verbindlichkeit, nämlich Legalität und Moralität. Die Moralität ist an die Subjektivität der handelnden Person gebunden. Dies bedeutet aber auch, dass man die Moral nicht bloß vom Inhalt der Praxis her bestimmen kann (Pflichten, Normen, Werte, Verfahrensvorschriften). Das moralische Handeln bedeutet eine Verschärfung legalen Handelns und wird durch fortgesetztes Einüben eines entsprechenden Wollens zu einer sittlichen Grundhaltung (Tugend). Moralität ist also nicht nur ein rigides Sollen, sondern hat viel mit der Beständigkeit und Solidität eines ethisch qualifizierten Lebens im Alltag zu tun. Dabei ist gerade in diesem Zusammenhang bei aller Bindung der Moralität an das sittlich handelnde Subjekt nicht zu übersehen, dass Sitte und Moral nicht allein in persönlichen Überzeugungen und Verhaltensweisen, sondern auch in der gelebten öffentlichen Ordnung gegeben sind. Dazu gehört der politische, wirtschaftliche, gesellschaftliche und kulturelle Bereich. Schlagworte wie »Kultur der Politik«, »Politische Kultur« erinnern wenigstens von ferne an solche Zusammenhänge. Dies zeigt deutlich das Wort »Ethos«, welches schon bei den Griechen eine ungeschriebene Einheit von Lebensgewohnheit (objektiv) und Charakter (subjektiv) bedeutet. So unterscheiden sich Moral und Sitte vom Recht: Sie sind eine geschichtlich gewachsene Lebensform, stammen nicht aus formellen Akten staatlicher Gewalt und verbinden sich nicht unmittelbar mit Strafen. Moral und Sitte sind jedoch nicht nur Brauch und Gewohnheit, da ihnen ein hohes Maß an Überzeugungskraft und Verantwortungsbereitschaft innewohnt. In diesem Sinne beruhen Moral und Sitte auf einer allgemeinen Grundübereinstimmung (Achtung vor der Menschenwürde, Ablehnung von Zwang, Minderung von Leiden usw.). Wenn diese Moral völlig aus der Rechtsordnung verbannt wird oder sich weitgehend in die Nischen nur der »privaten« Entscheidungssituationen zurückziehen muss, wie es heute vielfach der Fall ist, droht auch die Moral selbst ihre Kraft zu verlieren und unverbindlich zu werden. Es ist nicht zu verkennen, dass dies auch für die Rechtsordnung – wenigstens auf die Dauer – höchst schädliche Folgen haben kann und nachweislich auch hat.

Diese knappe Verhältnisbestimmung von Recht und Moral hat auch Konsequenzen für den Politiker selbst. Es besteht zunächst kein Zweifel, dass der Politiker wie jeder Staatsbürger an das Recht im Sinne der Verfassung und der Gesetze gebunden ist. Moralische Gebote und Verbote, die dem Bereich personaler Sittlichkeit angehören, sind nicht schon automatisch Bestandteil dieser Rechtsordnung. Die Moral geht in diesem Sinne über die Rechtsordnung hinaus. Aber gerade die Verwirklichung des Rechts lässt sich ebenso wenig wie die Politik fein säuberlich von der ethischen Verantwortung trennen, wie immer diese konkret verankert sein mag. Vor allem die Demokratie verlangt als Herrschaftsform die Glaubwürdigkeit des Politikers. Soweit sie auch noch Elemente einer »Lebensform« enthält, darf der Staatsmann nicht einem Verständnis von Politik anheimfallen, das diese praktisch auf den Kampf um die Macht und auf eine Technik der Machtausübung reduziert. Da der Politiker faktisch stets eine öffentlich wirksame Erziehung ausübt und junge Menschen die Glaubwürdigkeit seiner Sache an seiner persönlichen Qualität ablesen werden, kann auch die private Lebensführung nicht grundsätzlich ausgeklammert werden. Dabei geht es jedoch nicht um pikante Geschichten aus dem persönlichen Bereich, sondern um die Überzeugungskraft und um die moralische Autorität des Politikers in seinem Beruf. Darum ist das Verhalten von Politikern auch nicht nur danach zu beurteilen, ob sie sich an die Gesetze halten, sondern ob sie den moralischen Anforderungen ihres Berufes entsprechen.

Man wird leider nicht sagen können, dass die Frage eines solchen ethischen Standescodex die Politikwissenschaft, die Ethik und die Moraltheologie sehr beschäftigt. Liest man die klassischen Abhandlungen über das Regieren, so gewinnt man den Eindruck, dass der Beruf des »Herrschers« und seine Tugenden in früheren Zeiten ungleich mehr im Mittelpunkt standen (zum Beispiel »Fürstenspiegel«). Wir haben »Führung« oft nur auf Management, Technik und Imagepflege reduziert. Das Zweite Vatikanische Konzil erinnert an diese große Tradition, wenn es erklärt: Wer zu diesem Beruf des Politikers geeignet ist oder sich dazu ausbilden kann, »soll sich diesem Beruf unter Hintansetzung des eigenen Vorteils und materiellen Gewinns widmen. Sittlich integer und klug zugleich soll er angehen gegen alles Unrecht und jede Unterdrückung, gegen Willkürherrschaft und Intoleranz eines Einzelnen oder einer politischen Partei. Redlich und gerecht, voll Liebe und politischen Muts soll er sich dem Wohl aller widmen«.*

---

* Pastoralkonstitution »Gaudium et spes«, Art. 75.

Von einem Politiker wird zu Recht erwartet, dass er sein Handeln an der Rechtsordnung und an der Moral ausrichtet. Fehlverhalten muss im Interesse der demokratischen Ordnung rückhaltlos aufgeklärt werden, wobei auch hier die Würde der Person nicht verletzt werden darf. Es geht dabei nicht in erster Linie um Parteiinteressen, sondern um das Gemeinwohl insgesamt. Bei der Beurteilung von Fehlverhalten darf nicht übersehen werden, dass der politisch Handelnde besonderen Versuchungen und Anfechtungen ausgesetzt ist. Politiker sind im übrigen auch Spiegelbild der Gesellschaft, zu der sie gehören. Dennoch erwartet man von ihnen eine Vorbildfunktion.

Zugleich müssen sich alle fragen, was getan werden kann, um politisch Handelnde vor Fehlverhalten zu bewahren. Mehr Mitmenschlichkeit in der Politik ist gewiss ein Weg. Im übrigen darf der strenge Maßstab jedoch nicht nur für den Politiker gelten. Alle öffentlich Handelnden stehen hier unter einem Anspruch. Dies gilt zum Beispiel auch für Journalisten. Sie stellen zwar keine »öffentliche Gewalt« dar, vergleichbar dem Politiker, aber auch sie sind aufgrund ihres Auftrags und ihrer heutigen Möglichkeiten in besonderer Weise der Moral verpflichtet. Sie handeln nicht als Privatperson, sondern als diejenigen, die das hohe Gut der Meinungs- und Pressefreiheit verwalten. Damit sind sie in gewisser Weise auch »Privilegierte« unserer gesellschaftlichen und politischen Ordnung. Dies lässt sich analog für alle gesellschaftlich-staatlichen Funktionen und Gruppen sagen, angefangen vom Entscheidungsprozess des Wählers bis zu den Juristen. Die Frage nach dem Verhältnis von Recht – Politik – Moral geht alle an.

II.

Um diese Gemeinsamkeit zu vertiefen, genügen jedoch mehr formale und begriffliche Klärungen, so wichtig sie sind, nicht. Man muss nämlich genauer betrachten, in welcher Weise in unserer Gesellschaft ethische Maßstäbe überhaupt Gültigkeit verlangen können. Wir sind ziemlich gewohnt, vor allem von der Religionsfreiheit, der Weltanschauungsvielfalt und dem nicht zuletzt dadurch bedingten Pluralismus her zu denken.

Bei aller Anerkennung des faktisch vorhandenen Wertepluralismus in den modernen Gesellschaften, der auch und gerade in den Verfassungen Rücksicht erfordert, ist die Frage nach gemeinsamen Maßstäben des menschlichen Zusammenlebens unverzichtbar. Aber es ist schwerer geworden, die Berechtigung dieser Fragestellung zu verteidigen. Dennoch gibt es zusätzliche Argumente dafür, dass die großen sozialen und globalen ökologischen Herausforderungen nur in menschheitlich-universalen ethischen Kategorien bewältigt werden können und nicht innerhalb von partikularen Sinnprovinzen.

In der Geschichte der Bundesrepublik Deutschland haben wir bis zu einem gewissen Grad diesen

Streit schon mehrfach ausgetragen. In den Jahren 1976/77 wurde die sogenannte Grundwerte-Debatte geführt. Es ging dabei um jene Normen, die das sittliche Fundament aller individuellen und sozialen Maßstäbe des menschlichen Verhaltens und des gelungenen Zusammenlebens darstellen. Es hat wenig Sinn, von philosophischer und juristischer Seite aus zu erklären, der Begriff »Grundwerte« sei zu unbestimmt und wolkig. Fachwissenschaftlich gesehen wird dies zwar zutreffen, aber der Begriff ist ja auch mehr als Problemanzeige dafür gedacht, wo denn jene Fundamentalüberzeugungen zu finden seien, die auf Dauer die Normen des menschlichen Zusammenlebens bilden. Wenn die Homogenität einer Gesellschaft sich auflöst, der innere Pluralismus sich immer mehr steigert und die Grundwerte als reine »Privatsache« erscheinen, wird es evident, dass der Konsens über die Grundnormen des menschlichen Lebens abbröckelt. Es erhebt sich das Problem, wie der Staat und die Gesellschaft eine Sittlichkeit aufbauen, bewahren und fördern können, wenn sie sich von den Fragen des konkret gelebten Ethos und der Religion immer mehr zurückziehen.

Man soll diese Frage nicht zu gering einstufen. Der »Preis der Freiheit« und des Pluralismus ist hoch. Er verlangt auch die Hinnahme einer wesenhaften Schwäche, Verletzlichkeit und Instabilität der modernen Gesellschaften. Die darin lebenden Menschen werden zunächst aus ihren geschichtlichen und geistigen Beziehungen herausgelöst. Die für das eigene Dasein des Menschen entscheidenden Ordnungen mit ihren Wirkungen in der konkreten Lebenswelt gehen nicht in die Gesellschaft ein. Gerade der künstliche Boden dieser Gesellschaft, der ja nicht die »feste Erde« gewachsener Lebensüberzeugungen ist, ist in besonderem Maß instabil, so »wie ein Funke auf einen Pulverhaufen geworfen eine ganz andere Gefährlichkeit hat, als auf fester Erde, wo er spurlos vergeht« (Hegel).

Auch wenn die öffentliche Meinung in der Annahme verbindlicher Maßstäbe des Zusammenlebens der Menschen schwankt und unsicher ist, muss der Staat für die Anerkennung der »Grundwerte«, wie sie vor allem in der Verfassung dokumentiert sind, eintreten. Der Staat ist nicht nur ein Notar der faktischen öffentlichen Meinung, so sehr der Meinungsbildungsprozess auch ins Gewicht fallen mag. Er muss sich für die Anerkennung gerade gefährdeter Grundwerte, zum Beispiel Leben als Rechtsgut, einsetzen und darf die sittlichen Grundüberzeugungen nicht schlechterdings dem Einzelnen überlassen, so wenig er über das konkrete Ethos der Bürger befinden kann. Der Staat muss einen Willen zur Förderung und zum Schutz, zur Pflege und zur Stützung der Grundwerte bezeugen. Bestimmte Grundwertentscheidungen sind dem Wechsel der Tageswertungen entzogen. In einer Zeit der Krise der Maßstäbe werden die Sorge für die ethische Kultur der Politik und die Pflege der Grundwerte um so notwendiger.

Die Pflege des ethischen Konsenses in der Gesellschaft ist ja nicht die ausschließliche, ja auch nicht die

146

vorrangige Aufgabe des Staates. Er teilt sie mit allen Kräften der freien Gesellschaft, wie zum Beispiel den Medien, Verbänden, Parteien, Gewerkschaften und Kirchen. Die Kirchen haben keine Monopol-Verpflichtung für die Sorge um die Grundwerte. Sie dürfen sich auch nicht in die Rolle des einzigen Garanten der Moralität in der säkularisierten Gesellschaft drängen lassen. Der Auftrag und die Möglichkeit der Kirchen, geistige und moralische Orientierung zu leisten, darf von den anderen gesellschaftlichen Gruppen und vom Staat nicht dazu benutzt werden, sich selbst der Förderung der Grundwerte zu entziehen und die Kirchen zu ethischen Stabilisatoren der Gesellschaft oder gar zu Handlangern des Staates zu degradieren. Die Kirchen dürfen freilich auch nicht ghettohaft in ihr eigenes Inneres flüchten, gleichsam in die Nestwärme der Gemeinde. Sie dürfen die säkulare Welt nicht fremden Mächten überlassen. Sie müssen vielmehr eine größere »innere« Nähe gerade auch zur sensiblen und verletzlichen Eigenstruktur des modernen Staates gewinnen. Sie müssen die bleibende Sorge um das »Leben« und »Funktionieren« der Grundwerte mittragen. Wer im Herzen wirklich ja sagt zur Demokratie und zu einer freiheitlich-rechtsstaatlichen Struktur, darf gerade hier keine vornehme oder stille »Distanzierung« walten lassen, sondern muss aufmerksam die Konsensbildungen und Auseinandersetzungen in Staat und Gesellschaft beobachten und verfolgen.

Daraus ergibt sich keineswegs – wie oft befürchtet – eine zu große Nähe der Kirchen zu Staat und Gesellschaft. Denn die Kirchen sind so gerade auch kritische Begleiter und Wächter, damit die sittlichen Maßstäbe und die Grundwerte des menschlichen Zusammenlebens nicht unter die Räder kommen. In diesem Sinne wird die Kirche immer wieder die Programme der Parteien und ihr konkretes Verhalten, aber auch die Regierungserklärungen und die Gesetzgebungsvorhaben verfolgen. Maßstäbe dafür sind in besonderer Weise und zugleich an erster Stelle die Menschenrechte. Ihre Anwendung wird vor allem auch durch die Katholische Soziallehre vermittelt, die auf ihre Weise das wichtigste Vehikel ist, um grundlegende Aussagen über den Menschen und die Strukturen des menschlichen Zusammenlebens von den Kirchen her in das öffentliche Gespräch zu bringen. In der gegenwärtigen Situation ist diese Funktion der katholischen Soziallehre – wie sie Papst Johannes Paul II. auch in der Enzyklika »Centesimus annus« betont – gar nicht zu überschätzen. Dies gilt nicht zuletzt auch für die Begegnung und das Gespräch mit den Ländern Mittel- und Ost-Europas, die vom Kommunismus befreit sind und mühsam nach neuen Wegen ihres staatlichen und gesellschaftlichen Lebens suchen. Vielleicht haben wir eben alle die ethischen und anthropologischen Voraussetzungen des Funktionierens sowohl der Demokratie als auch zum Beispiel der Marktwirtschaft unterschätzt. Die Anforderungen der Moral beziehen sich beileibe nicht nur auf das anständige Verhalten der einzelnen Politiker, so sehr diese durch ihre Vorbildfunktion Schule machen.

148

Ein gutes Beispiel dafür ist der sogenannte Sozialhirtenbrief der christlichen Kirchen.*

III.

Es geht dabei aber nicht nur um Grundwerte und Grundhaltungen, obgleich sie schon so etwas wie das gesellschaftlich-soziale Grundgefüge ausmachen. Deshalb soll nun gezeigt werden, in welcher Weise im Bereich von Wirtschaft, politischer Gestaltung und Demokratie als »System« ethische Maßstäbe notwendig sind, gerade in unserer Situation. Es darf nämlich nicht der Eindruck entstehen, dass es in unserer Gesellschaft Lebensbereiche gibt, die sich gleichsam ethosfrei ausschließlich ihrer Eigendynamik und ihrer Eigengesetzlichkeit überlassen dürften, für allfällige Schäden jedoch in keiner Weise eintreten müssten. Wenigstens einige Bemerkungen sollen diesem Ziel dienen.

Wenn man sich bei uns umhört, wie es um uns, die Einheit unseres Landes, Europa und die Welt steht, dann stößt man rasch auf die Stichworte Demokratie, Marktwirtschaft und Wohlfahrt. Dabei ist unbestritten, dass diese drei Bausteine unseres gesellschaftlichen Lebens wie Säulen sind, die das Gebäude

---

* Für eine Zukunft in Solidarität und Gerechtigkeit. Wort des Rates der Evangelischen Kirche in Deutschland und der Deutschen Bischofskonferenz zur wirtschaftlichen und sozialen Lage in Deutschland, München 1997.

unseres Zusammenlebens tragen. Es würde jedoch nichts nützen, wenn wir uns jeweils zu einem Leitwort bekennen. Entscheidend ist das Verhältnis dieser drei Dimensionen zueinander. Dabei geht es nicht in erster Linie um eine systematische Bestimmung eines abstrakten Verhältnisses, sondern um die gezielte Beziehung in unserer konkreten Situation. Dabei möchte ich nur einige Bemerkungen versuchen, die keine Autorität beanspruchen, sondern nur Zwischenrufe eines Zeitgenossen sind.

Marktwirtschaft ist zurzeit ein zentrales Grundwort der Wirtschaftsordnung, das für die einen – längst nicht nur in unserem Land – geradezu ein Zauberwort ist und für die anderen ein Teufelswerk bleibt. In der Marktwirtschaft entscheiden Markt und Wettbewerb ständig, welche Güter und wie sie produziert werden sollen, wie die Einkommen verteilt, aufgespart, investiert und für Konsumgüter ausgegeben werden. Wettbewerb, Eigenverantwortung, freie Entscheidung und Risikobereitschaft sind die unerlässlichen Voraussetzungen für ein Funktionieren dieser dezentralen Ordnung, die eine hohe Effizienz ermöglicht. Der Staat hat dabei für eine Rahmenordnung zu sorgen. Wo soziale Härten entstehen, sorgt die Gemeinschaft im Sinne der Sozialen Marktwirtschaft für einen gerechten Ausgleich. Ein ausgebautes Sozialversicherungswesen und ein gezieltes Eintreten für einkommensschwache und benachteiligte Personengruppen haben zu einem umfassenden Netz sozialer Sicherheit geführt.

Als Alfred Müller-Armack 1946 in seinem Buch
»Wirtschaftslenkung und Marktwirtschaft«* den Begriff der »Sozialen Marktwirtschaft« prägte, war er
sich der Absicht bewusst, zwei spannungsvolle Elemente einer freien und einer sozial verpflichteten Gesellschaftsordnung in eine Synthese zu bringen. Eine
solche Vermittlung muss immer wieder neu gefunden
werden. Man hat diese Synthese auch als dritten Weg
zwischen Kapitalismus und Kollektivismus benannt.** Dieses Leitbild funktioniert deshalb auch
nicht einfach automatisch. Es kann nicht einfach wie
eine Zauberformel angewandt werden, die raschen Erfolg garantiert. Den mittel- und osteuropäischen Staaten ist die Soziale Marktwirtschaft manchmal für die
notwendigen Transformationsprozesse in ihren Ländern so angeboten worden, als ob es keiner weiteren
Voraussetzungen für ihr Gelingen bedürfe. Umso größer war die Enttäuschung. Nach der Revolution folgte
eher die Stagnation: Arbeitslosigkeit, steigende Preise,
Inflation und Rückgang der Industrieproduktion. Es
zeigte sich, dass gerade Übergänge, für die wir im Falle
des Wechsels von totalitären kommunistischen Diktaturen zu demokratischen Rechtsstaaten über keine
Muster verfügten, besonders verletzlich sind, viele Di-
lemmata enthalten und ganz gewiss für alle Beteiligten
»kein Zuckerschlecken« (R. Dahrendorf) sind. Dabei
ging es nicht nur um Modernisierungsrückstand, man-

---

* Eine Sonderausgabe erschien als Taschenbuch: München 1990.
** W. Röpke, Die Gesellschaftskrisis der Gegenwart, Zürich 1942, S. 43.

gelnde Anpassungsfähigkeit und fehlende Innovationsbereitschaft, um autoritäre und zentralistische Strukturen in Wirtschaft und Politik, sondern es wurde sichtbar, dass das Gelingen der Sozialen Marktwirtschaft auf ein Menschenbild und auf Werte angewiesen ist, deren Bedeutung wir oft selber übersehen haben. Die lange Gewöhnung an die alle Lebensumstände steuernde Anordnungsgewalt der Behörden hat zwar für die Menschen mancherlei Sicherheiten für das tägliche Leben gebracht, aber sie zugleich in einer radikalen Unmündigkeit gehalten. Initiativen, die nicht von der Partei kamen, wurden unterdrückt. Die alten Regime haben nicht nur eine zerstörte Wirtschaft und eine verwüstete Natur, sondern noch sehr viel mehr eine bis in das Mark geschädigte Seele hinterlassen. Heute erkennen wir besser, dass der Zusammenbruch des Sozialismus nicht nur ein geistiges und weltanschauliches Vakuum verursacht hat, sondern eine tiefe Deformation des Menschen, die eine weitreichende Orientierungslosigkeit mit sich bringt. In einer solchen Situation fehlen nicht nur die menschlichen Grundfähigkeiten, die gerade eine freie Wirtschaftsordnung braucht, nämlich schöpferische Fantasie, Eigenverantwortung und Mut zum Wagnis, sondern in ihr entstehen nur allzu leicht Resignation und Perspektivlosigkeit, aber auch Neigung zu Gewalt und Zerstörungswut. Dass sich diese vor allem auch gegen Fremde richten, ist dann nicht mehr so überraschend. Unfähigkeit zur Anpassung erzeugt eine Ablehnung des Neuen und Fremden.

Es gibt in diesem Zusammenhang die Versuchung, ein wirklich marktwirtschaftliches Denken zurückzudrängen und immer mehr vom Staat zu erwarten. Man fordert mehr Staatsausgaben, zusätzliche Steuern und riskiert immer höhere Staatsverschuldungen. Der Wirtschaft werden Fesseln angelegt. Die Handlungsspielräume werden kleiner. Es wird dann für immer weniger Menschen interessant, für sich selbst zu sorgen und eine hohe Leistungs-, Investitions- und Risikobereitschaft zu zeigen. Illusionen werden genährt, als könnten wir es uns leisten, weniger zu arbeiten, weniger zu sparen und weniger zu investieren und vermehrt vom Staat zu leben. Die vielfältigen Ansprüche an die Leistungsfähigkeit einer Volkswirtschaft können auf diesem Weg nicht ohne Auszehrung der Substanz befriedigt werden. Ein solches System wäre auf die Dauer auf eine Art von Selbstzerstörung hin angelegt. Es braucht nicht nur eine stetige Korrektur jener Kräfte der Marktwirtschaft, die Schwächere stärker benachteiligen. Es würde allerdings von Blindheit zeugen, leugnen zu wollen, dass der »Eigennutz« zwar ein außerordentlich leistungsfähiger Motor der freien Wirtschaftsordnung ist, jedoch auch ein hohes Maß an Rücksichtslosigkeit, Steigerung des nur individuellen Konsums usw. auslösen kann. Selbst Wilhelm Röpke hat eingeräumt, unter diesen Voraussetzungen sei die Marktwirtschaft auch ein »Moralzehrer«. Es gibt aber auch nach der anderen Seite die Versuchung, die soziale Komponente zu Lasten der Marktkräfte zu verstärken. Die Rücksichtslosigkeit beim Ausbeuten des Gemeinwohls ist hier nicht weniger groß. Permanente Verteilungskämpfe gerade der mächtigen Gruppen wirken nach beiden Seiten hin zerstörerisch.

Es muss zu den Fähigkeiten der Sozialen Marktwirtschaft gehören, dass sie in der Kraft zur Synthese neue Probleme wirklich schöpferisch lösen kann. Es gibt solche Nöte.

Die Arbeitslosigkeit gehört zu den Lasten der neuen sozialen Frage. Ganz gewiss werden hier neue und andere Anstrengungen nötig sein. Wir müssen auch viel energischer die gegenwärtige Zerstörung der Umwelt stoppen und – ohne dass es zum Schlagwort werden darf – Ökologie mit Ökonomie versöhnen. Zwischen Natur und Technik wird es immer eine Spannung geben. Aber diese darf nicht zu einem lebensbedrohenden, zerstörerischen Konflikt führen. Die Marktwirtschaft muss hier etwas leisten, was eine eminente Herausforderung darstellt, nämlich den Konsum einschränken, der heute beinahe schrankenlos ist. Die Soziale Marktwirtschaft muss ihre ethische Überlegenheit gerade dadurch zeigen, dass sie gegenüber jedem Laissez-faire-Kapitalismus wirklich die sozial Schwächeren schützt.

Dies sind nicht nur und nicht allein die heute sozial Bedürftigen, denen fraglos Hilfe zukommen muss, sondern das Lebensrecht der kommenden Generationen und auch der Erhalt der natürlichen Lebensbedingungen sind eine logische Folge des ethischen Prinzips der Sozialen Marktwirtschaft. Wenn wir dies nicht energisch in die Tat umsetzen und wirklich »umkehren«, wie es nicht nur die Unheilspropheten fordern, treiben wir die Naturzerstörung voran wie kaum eine andere Wirtschaftsform der Vergangenheit.

Damit sind wir auch von selbst beim Stichwort Demokratie. Es meint nicht zuerst ein Geflecht von Verfahrensregeln, die transparent sind und jedem eine gleiche Mitbestimmung einräumen. Demokratie ist auch so etwas wie eine Lebensform, die Konsequenzen hat für den Alltag des Bürgers. Sie darf nicht in einen Strudel individualistischer Einzelinteressen zerfallen. Der Sinn für das Gemeinwohl darf nicht immer noch kleiner werden. Wir brauchen wieder einen größeren Konsens über die unverzichtbaren Grundlagen unseres Gemeinwesens. Von dieser Gemeinsamkeit der Grundwerte, die immer eine individuelle Realisierung haben, lebt letztlich eine lebendige Demokratie. Sie verpflichtet uns auch, für bestimmte Überzeugungen und gegen bestimmte Abirrungen einzustehen. Man kann das Ethos der Bürger nicht einfach völlig zurücknehmen in die ausschließlich private Sphäre, wo es letztlich zwar das Gewissen des Einzelnen beansprucht, aber sonst blass, unanschaulich und unsichtbar wird. Ein Ethos, das zwar innen lebt oder wenigstens leben soll, aber sich nicht glaubwürdig bezeugen kann und zur Anerkennung kommt, stirbt auf die Dauer ab. Wenn wir aber die elementaren Maßstäbe des menschlichen Zusammenlebens nicht mehr aktiv pflegen und wenn unsere Eliten dafür nicht mehr Vorbild sind, verspielen wir auch die Demokratie.

Wir haben uns in den vergangenen Jahrzehnten zwischen den Blöcken aus vielen weltpolitischen Entscheidungen von Gewicht heraushalten können. Dafür haben wir manchmal von hoher Warte aus alle diejenigen kritisiert, die zum Handeln gezwungen waren und sich auch in Irrtümer verstricken konnten. Unser Land ist – auch im Blick auf Europa – größer geworden. Es muss Mitverantwortung übernehmen in der Welt, mehr als bisher jedenfalls. Wir können uns nicht auf die »splendid isolation« zurückziehen, denn eine solche Haltung gehört endgültig der Vergangenheit an.

Dies müsste noch auf vielen Feldern erprobt werden. Ich möchte jedoch am Schluss noch einen Gedanken aussprechen, der hier wichtig ist. Politik und Moral rücken näher zusammen, wenn jeder seinen Allmachtsanspruch aufgibt. Die Politik ist durch viele Dinge in die verführerische Position gekommen, als könne sie alles machen. Davon ist sie – wenigstens im Moment – gründlich geheilt. Der christliche Glaube verlangt den Verzicht auf Gewissheit im Letzten innerhalb des Politischen. Er hat durch Jesus Christus grundsätzlich jeden Absolutheitsanspruch der politischen Herrschaft gebrochen und das Gewissen der Menschen an das gebunden, was jenseits des Politischen ist. Der Prozess Jesu und das Märtyrertum der frühen Christenheit beweisen dies ebenso wie einzelne Jesusworte, zum Beispiel »Gebt dem Kaiser, was des Kaisers ist, und Gott was Gottes ist.« Die christliche Hoffnung wehrt im Grundansatz jeglichem offenen oder verborgenen totalitären Denken. Insofern ist dem Politiker – auch im Blick auf das Versprechen von mehr Glück – Zurückhaltung auferlegt. Diese Begrenzung des Politischen stellt keine Abwertung dar. Im Gegenteil, die Überzeugung, dass es sich hier nicht um letzte Gewissheiten handelt, zwingt zu einer Skepsis auch gegenüber der eigenen Meinung. So wird die politische Auseinandersetzung entschärft, weil die christliche Hoffnung zum Bewusstsein bringt, dass die volle Wahrheit oder die ganze Gerechtigkeit nie nur auf einer Seite liegt. Dadurch ist es auch unmöglich, im politischen Gegner nur den »Feind« schlechthin zu erkennen. Die christliche Hoffnung vermag also in besonderer Weise den Realismus des Politischen zu entdecken. Sie bildet darum auch eine eigene Sensibilität aus, um die Verkehrungen des politischen Bewusstseins und Handelns sowie die pathologischen Erscheinungsformen im politischen Bereich zu erkennen. Bereitschaft zur Revidierbarkeit und Mut zum Umdenken, ohne dass es nur ein taktisch-pragmatisches Spiel wird, gehören zu diesem Realismus des Politischen, der indirekt auch – ohne dass davon viel die Rede sein muss – moralisch ist.

Dieser Beitrag ist für Herrn Bundesminister Dr. Wolfgang Schäuble zum 70. Geburtstag mit großem Dank. Dies gilt nicht nur für das vorbildliche politische Engagement seit Jahrzehnten und das unerschrockene Zeugnis seiner Unabhängigkeit, sondern ich bin auch davon überzeugt, dass er durch sein Leben und Wirken in einem hohen Maß das hier skizzierte Verhältnis von Politik und Moral zu verwirklichen gesucht hat.

Die klare Stimme der Vernunft in der deutschen Politik

Von Lothar de Maizière

Wolfgang – der Name bezeichnet im Althochdeutschen jemanden, der den Wolf angreift. Dabei könnte einem eine alte Geschichte in den Sinn kommen.

Es gibt in der germanischen Mythologie einen Wolf, der von Göttern hervorgebracht war und wohl darum maßlos zunahm an Kraft und Größe. Die Götter selbst begannen ihn nun zu fürchten und suchten, ihn an die Kette zu legen. Der Wolf wiederum zerriss die Ketten. Nur ein durch die Alben gefertigter magischer Faden würde ihn binden können. Er war geschaffen aus Dingen, die es seitdem nicht mehr gibt, aus dem Geräusch des Tritts der Katzen, den Bärten der Frauen, den Sehnen der Bären, den Wurzeln der Berge, dem Atem der Fische und aus dem Speichel der Vögel. Diese Fessel wollten die Götter dem Wolf umlegen. Aber das Tier war misstrauisch geworden. Es bedrohte die Götter und wollte sie nicht an sich heranlassen. Der Wolf verlangte ein Pfand dafür, dass alles, was geschehen sollte, zu seinem Besten wäre. Einer der Götter sollte, solange die anderen sich an ihm zu schaffen machten, die rechte Hand in sein furchterregendes Maul legen. Keiner der Götter aber wollte das tun. Nur Tyr, der Gott des Kampfes und des Sieges, fasste den Mut und gab seine Hand in den Rachen des Untiers. Nun banden die anderen Götter den Wolf mit dem Zauberseil an die Felsen. Als der Wolf sich zu befreien suchte, zog die Schlinge sich nur umso enger. Da biss er dem Gott Tyr die Hand ab, blieb aber gefesselt. Erst in der Zeit der Götterdämmerung, sagt man, soll er befreit werden und dann Odin verschlingen.

Es ist wohl diese augenblickliche Stimmung, in der fast täglich neue Untergangs- und Katastrophen-szenarien entworfen werden, die einen in die Welt der Mythen eintauchen lässt. Erinnert diese Geschichte nicht ganz verblüffend an die Weise, in der in unseren Tagen über Finanzmärkte, Banken- und Schuldenkrisen gesprochen wird? Da ist auch von Raubtieren und Gier und nicht mehr zu beherrschenden Gewalten die Rede, die dennoch an die Kette gelegt werden sollen. Es ist scheinbar eine Zeit, die ganz von Stimmungen beherrscht, von Emotionen durchtränkt und sehr oft jeder Rationalität beraubt ist.

Nun richten sich die Blicke in diesem Zusammenhang häufig auf den deutschen Finanzminister. Seine Lebenserfahrung prädestiniert ihn vielleicht doch mehr als sein Name dazu, den Faden zu knüpfen, der hier notwendig sein wird. Mit nun siebzig Jahren blickt Wolfgang Schäuble auf einen einzigartigen politischen Weg zurück. Bald gehört er vier Jahrzehnte dem Deutschen Bundestag an, war bereits vor der

Wiedervereinigung Bundesminister und wurde es im Jahre 2005 wieder. Er hatte als Kanzleramtsminister die Beziehungen zur DDR zu gestalten und wirkte als Innenminister und als Verhandlungsführer für den Einigungsvertrag an ihrer Abschaffung mit.

Das zur Wiedervereinigung führende Vertragswerk und auf jeden Fall die Kürze der Zeit, in der es zustande gebracht werden musste, werden in unserer Geschichte wohl einzigartig bleiben. Die Menschen, die daran mittaten, wurden in jenen Tagen für ihr Leben geprägt. Es fiel vor allem auf, dass Wolfgang Schäuble nicht im klassischen Sinne ein Verhandlungspartner war, der nur die eigenen Interessen im Blick hatte. Oft war es vielmehr so, dass er Vernünftiges aus der Position der DDR-Seite übernahm und es gegen Vorbehalte der alten Bundesrepublik durchzusetzen half. Das betraf insbesondere den gesamten Bereich von Kunst und Kultur, der auf diesem Wege für eine Übergangszeit weitreichende Förderungen von Seiten des Bundes erfahren hat. Wolfgang Schäuble hat hier ein tiefes Verständnis für die Größe und den Wert der ostdeutschen Kulturlandschaft bewiesen und sich um sie zusätzlich verdient gemacht.

Er hat diese gewaltigen Herausforderungen insgesamt mit tiefem Verantwortungsgefühl und großem Ernst angenommen. In einer inzwischen selten gewordenen Weise hat er sich immer als Diener seines geteilten und nun wiedervereinigten Landes gesehen. Damit hat er sich das Verdienst erworben, sichtbar werden zu lassen, was das Amt des Ministers in seinem eigentlichen Kern ausmacht. Minister zu sein bedeutet, Diener des Staates zu sein.

Schicksalsschläge von wirklich tragischem Ausmaß hat er ausgehalten und schwere Brüche in seiner politischen Biografie durch Zuverlässigkeit und treue Pflichterfüllung wieder vergessen gemacht. Das hat es in der Geschichte dieser zweiten deutschen Republik nur sehr selten gegeben. Vielleicht ist er besonders dadurch zu einem der Garanten dafür geworden, dass die Vernunft eine klare und vernehmbare Stimme in der deutschen Politik behalten hat. Denn es ist vernünftig gewesen, die auf Entspannung und Koexistenz einerseits und auf Wahrung der Gemeinsamkeit und auf die Besserung der Lage der Menschen in der DDR andererseits gerichtete Politik fortzusetzen. Es war vernünftig und richtig, die zur Wiedervereinigung Deutschlands führenden Verhandlungen so zu gestalten, dass beide Seiten gleichberechtigte Partner sein konnten, die durch das Ringen um die gemeinsame Zukunft verbunden waren. Und es ist sicher auch gegenwärtig vernünftig, den mühseligen und anstrengenden Weg zu gehen, die europäische Einheit zusammen mit der Währungsunion zu erhalten und künftig weiter zu vertiefen, damit nicht Populismus und nationaler Egoismus neu entflammen und das bedrohen, was über Jahrzehnte zum Guten der Völker Europas gewachsen ist.

Mit großer Klarheit muss es immer wieder herausgestellt werden, dass das Festhalten an der Hoffnung auf die Wiedervereinigung Deutschlands und ihre Verwirklichung 1990 vor der Geschichte nur Bestand haben werden, wenn sie als unausweichlich notwendiger Schritt zur europäischen Einigung begriffen und auch gestaltet werden. Dabei wird sehr viel und zu Recht von den Vorteilen dieses Prozesses gesprochen. Es werden die Freizügigkeit, der Handel, die wirtschaftliche Entwicklung und die vielfältigen verbürgten Rechte der Menschen genannt. Genauso selbstverständlich müssen wir aber auch von den uns auferlegten Pflichten und Lasten reden. Es ist unsere Pflicht, das Wohl dieses alten Kontinents miteinander zu suchen und nicht noch einmal dem Irrtum zu erliegen, man könne es gegeneinander durchsetzen. Gerade darin werden wir die Erfahrung machen, dass sich auch Gerechtigkeit immer am ehesten dort herstellt, wo jeder danach sucht, wie er seine Pflicht erfüllen kann. Übrigens werden wir dann auch entdecken, dass dieses Wohl nicht allein in technokratischen und ökonomischen Kategorien gefunden werden kann, sondern Europa zuallererst eine Werte-, Kultur- und Glaubensgemeinschaft ist, die wir aufrechtzuerhalten haben.

Noch immer bin ich aber davon überzeugt, dass die Risiken, die mit dem Zusammenbruch des kommunistischen Herrschaftsbereichs verbunden waren, weit größer gewesen sind als das, was jetzt möglicherweise auf Europa zukommt, gefährlich ist. Wir sollten Mut daraus schöpfen, dass damals, trotz vieler berechtigter Ängste, der Mut zum Neuanfang auf den Grundlagen des alten Kontinents die bestimmende Kraft wurde. Auch dazu hat Wolfgang Schäuble maßgeblich beigetragen.

Es macht ihn sympathisch, dass er von niemandem mehr verlangt, als von sich selbst. Auch darin ist er ganz der Diener seines Landes. In allem drückt sich ein starkes protestantisches Bewusstsein von dem aus, was Menschen in dieser Welt zu tun haben. Er selbst würde davon aber niemals irgendein Aufhebens machen. Es ist ohne Zweifel die bescheidenste aber noch immer auch wirksamste Weise, nur durch das Beispiel, das man gibt, auf seine Mitmenschen zu wirken. Dazu gehört nun natürlich auch sehr viel Geduld, und diese wünsche ich Wolfgang Schäuble.

Mit diesem Menschen befreundet zu sein, ist mir eine Ehre. Diese Freundschaft ist das wichtigste Geschenk, das mir durch die Einheit Deutschlands zuteil geworden ist.

Ein neuer Masterplan für Europa?

Von Friedrich Merz

»Im Anfangsstadium ist eine Krankheit schwer zu erkennen, aber leicht zu heilen; im Endstadium ist sie leicht zu erkennen, aber schwer zu heilen.« – Ist dieses Zitat von Nicolo Machiavelli die richtige Beschreibung für den Zustand Europas? Erkennen wir die Krankheit noch nicht so richtig, könnten sie aber mit einfachen Mitteln heilen? Oder ist eine schwere Krankheit bereits ausgebrochen, leicht erkennbar, aber eben schwer zu heilen?

Vielleicht ist Europa ja im pathologischen Sinne auch gar nicht krank, sondern steckt nur in einer der regelmäßig wiederkehrenden Krisen. Doch die Krisenbekämpfung geht in ihr fünftes Jahr, und so allmählich beschleicht doch auch die unbedingten Befürworter der europäischen Integration ein Gefühl der Ratlosigkeit, der schwindenden Zuversicht, dass die europäischen Institutionen und die Mitgliedstaaten das Problem in den Griff bekommen. Die Meinungsunterschiede zwischen den mittlerweile 27 Mitgliedstaaten sind groß, die Handlungsfähigkeit der Institutionen, insbesondere der EU-Kommission erscheint dagegen klein. Auch europäische Optimisten werden sich die Frage stellen, ob die Fähigkeit Europas, diese Finanzkrise und ihre Folgen zu bewältigen, denn Schritt gehalten hat mit der Dimension des Problems. Und wo liegt überhaupt das Problem? Sind hier nur »einige Banken zu groß« und »einige Banker verrückt« geworden? Reicht das als Erklärung aus für den drastischen Vertrauensverlust, den die Europäische Union seit Beginn der Krise erlebt und der über die üblichen Stimmungsschwankungen der vergangenen Jahrzehnte weit hinausgeht? Und wie steht es überhaupt mit dem Vertrauen der Bevölkerung in den europäischen Ländern in die Institutionen und politisch handelnden Akteure? Steht möglicherweise sogar unser Gesellschaftsmodell, die freiheitliche Demokratie ebenso wie die Soziale Marktwirtschaft, auf dem Prüfstand? Und schließlich: Verschieben sich im Schatten der Krise die globalen Gewichte vor allem zwischen Europa und Amerika auf der einen Seite und Asien auf der anderen Seite?

Der Versuch, auf diese Fragen eine Antwort zu geben, soll mit einem Rückblick auf die Geschichte der europäischen Integration beginnen und übergehen in eine vorsichtige Beschreibung einer möglichen europäischen Antwort.

Europäische Gemeinschaft für Kohle und Stahl, Eura-
tom und Europäische Wirtschaftsgemeinschaft – die
europäischen Gründungsverträge sind nur vordergründig Verträge über die wirtschaftliche Zusammenarbeit und Integration in Europa. Alle Texte dieser
Verträge atmen den Geist der politischen Erfahrungen einer Generation, die nach den Verheerungen
zweier Weltkriege den europäischen Kontinent endlich politisch einigen wollte. Die Gründungsdoku-
mente verlieren sich auch nicht im Detail von Sachverhalten, die es nun endlich auf europäischer Ebene
zu regeln gäbe. Die Zusammenarbeit im Bereich der
damaligen Schlüsselindustrien diente einzig und allein
dem Zweck, die Völker Europas politisch zu einigen
und Meinungsunterschiede zwischen den Staaten nur
noch mit friedlichen Mitteln zu lösen. Der Erfah-
rungshorizont der meisten handelnden Akteure reich-
te weit in vordemokratische Zeiten zurück und war
bei vielen geprägt von den Folgen einer einzigartigen
Gewaltherrschaft auf dem europäischen Kontinent.

Die politischen Debatten gingen folgerichtig auch tief
in grundsätzliche Fragen, in deren zeitlichem Ablauf
das deutsche Wort »Ordnungspolitik« entstehen konnte, das ebenfalls vordergründig betrachtet allein wirtschaftspolitisch ausgefüllt war, das aber in Wahrheit
ein vom Individuum des Menschen und seinen Unzulänglichkeiten geprägtes politisches Modell umfasste.

So konnte in den ersten Jahrzehnten nach dem Zweiten Weltkrieg in Deutschland ein demokratischer Staat entstehen, der bei allen parteipolitischen Konflikten im Grundsatz von einer überwältigenden Mehrheit seiner Bürger befürwortet und getragen wurde; zugleich versprach die immer tiefere Einbindung der Bundesrepublik Deutschland in europäische Strukturen nicht nur politische Stabilität, sondern auch ökonomischen Aufstieg und breiten, wachsenden Wohlstand. Die Öffnung der Schlagbäume an den Grenzen zeigte die Begeisterung der Menschen für dieses gelungene politische Projekt.

Der Europäische Binnenmarkt – das ökonomische Instrument zur Überwindung der ersten Krise

Mitte der 1980er Jahre kam die Bereitschaft und Fähigkeit der europäischen Völker, weitere Schritte zur Integration zu unternehmen, zum Erliegen. Dem waren die ersten Schockwellen einer steigenden Arbeitslosigkeit, zunehmender Verteilungskonflikte und ernsthafte Auseinandersetzungen zwischen verschiedenen Generationen sowie die Folgen der beiden Ölpreiskrisen vorangegangen. Die neun Mitgliedstaaten der damaligen Europäischen Wirtschaftsgemeinschaft konnten die innenpolitischen Konflikte der Staaten nicht entschärfen. Sie konnten aber mit einem mutigen Projekt den Stillstand in Europa überwinden: Mit dem »Weißbuch Binnenmarkt« machte Kommissionspräsident Jacques Delors den Weg frei für das bis dahin größte Projekt zur praktischen Umsetzung der Ziele, die schon in den Gründungsverträgen genannt waren, deren Verwirklichung aber bisher nicht gelungen war, nämlich der umfassenden Freizügigkeit für den Personenverkehr, den Dienstleistungsverkehr, den Waren- und Kapitalverkehr in Europa. Mit dem zweiten und dritten direkt gewählten Europäischen Parlament im Rücken, setzte die Kommission insgesamt rund 300 europäische Gesetze durch, die der Öffnung des europäischen Marktes pünktlich zum 1. Januar 1993 Geltung verschafften. Wieder war ein politisches Projekt mit den Instrumenten der ökonomischen Integration gelungen. Die Öffnung des Binnenmarktes sollte nicht den Unternehmen zuerst dienen, sondern dem größeren Wohlstand der Bevölkerung und erneut der Vertiefung der politischen Integration. Die große Zustimmung zu diesem Projekt kam auch trotz aller Schwierigkeiten in manchen Details in der breiten Unterstützung durch die Regierungen der Mitgliedstaaten und der jeweiligen Bevölkerung zum Ausdruck.

Die Währungsunion – logische Fortsetzung des Binnenmarktprogramms

Noch in der Phase der Umsetzung des Weißbuchs Binnenmarkt und keineswegs erst nach der deutschen Einheit oder gar als »Gegenleistung« für diese, begannen die Arbeiten an einer Europäischen Währungsunion. Die Staats- und Regierungschefs der Europäischen Union verabschiedeten zum Abschluss der deutschen Ratspräsidentschaft im Juni 1988 in Hannover das entscheidende Grundlagenpapier für eine Europäische Wirtschafts- und Währungsunion, das zuvor von den Notenbankpräsidenten ausgearbeitet worden war. Die Währungsunion sollte als logische Fortsetzung und Konsequenz des Binnenmarktprogramms lückenlos an dieses anschließen und den Binnenmarkt auch auf der monetären Ebene verwirklichen.

Es dauerte dann allerdings noch ein gutes Jahrzehnt bis auch diese Arbeiten abgeschlossen werden konnten. Die möglich gewordene Überwindung der deutschen und europäischen Teilung durch die Ereignisse der Jahre 1989 und 1990 kostete Zeit, Kraft und Geld. Vor allem die deutsche Bundesregierung sah sich großen finanzpolitischen Forderungen ausgesetzt, nicht nur durch die deutsche Einheit unmittelbar, sondern auch durch Forderungen der Sowjetunion und ihrer Nachfolgerepubliken. Trotzdem konnte der Euro am 1. Januar 1999 zur neuen Gemeinschaftswährung werden. Der deutschen Bundesregierung war es gelungen, wesentliche Teile der deutschen Geldmarktverfassung auf die europäische Ebene zu übertragen. Die Europäische Zentralbank wurde nach dem Vorbild der deutschen Bundesbank konzipiert und sogar mit einer höherrangigen Rechtsqualität gesetzlich auf das Ziel der Geldwertstabilität verpflichtet. Mit dem Stabilitäts- und Wachstumspakt, der in Deutschland auch innenpolitisch zu erheblichen Spannungen geführt hatte, der letztendlich sogar das Ergebnis dieser innenpolitischen Auseinandersetzungen war, wurde die Währungsunion mit einem Sanktionsmechanismus flankiert gegen die Staaten, die die Stabilitätskriterien des Vertrages nicht einhalten wollten oder konnten.

Im Verlauf der politischen Entwicklung der Währungsunion und ihres dreistufigen Inkrafttretens wurden gleichwohl schleichende Veränderungen im Begründungskontext dieses Integrationsprojektes sichtbar, die die Währungsunion von den Gründungsverträgen und dem Binnenmarktprogramm bis heute unterscheiden: Die Gründungsverträge und das Binnenmarktprogramm waren immer politische Projekte. Die ökonomische Integration stand eindeutig im Dienst einer europäischen politischen Friedens- und Freiheitsidee. Diese dienende Funktion der ökonomischen Integration für ein übergeordnetes politisches Konzept trat bei der Währungsunion aber immer weiter in den Hintergrund. Helmut Kohl wurde zwar nicht müde, das Scheitern oder Gelingen der Währungsunion als ein Projekt von Krieg und Frieden in Europa zu machen. Die große Mehrheit seiner politischen Mitstreiter in allen Ländern Europas und auch die Öffentlichkeit nahm die Währungsunion allerdings immer mehr und am Ende fast ausschließlich als ein Projekt zugunsten der Banken und Wirtschaftsunternehmen in Europa wahr. Wahrscheinlich war die »Krieg-oder-Frieden-Rhetorik« des Bundeskanzlers nicht mehr in der Lage, auch jüngere Generationen in Deutschland und Europa zu erreichen, denen die historische Erfahrung vor 1945 fehlte. In jedem Falle ist es nicht mehr vollständig gelungen, auch die Währungsunion in den größeren Zusammenhang einer politischen Einigung Europas zu stellen.

Die Finanzkrise – Ergebnis von Konstruktionsfehlern und politischen Irrtümern

Trotz aller Skepsis ist der Euro bis heute eine erfolgreiche Währung. Die Währungsunion, der mittlerweile 16 der 27 EU-Staaten angehören, ist eine Stabilitätsgemeinschaft geworden. Dafür hat neben den institutionellen Vorkehrungen, die vor allem durch die Geldmarktverfassung und die Europäische Zentralbank gewährleistet werden, ein beachtlicher Mentalitätswandel in den europäischen Staaten gesorgt. Inflation ist kein anerkanntes Instrument der Politik mehr, um etwa (und immer nur scheinbar) Probleme auf dem Arbeitsmarkt oder anderswo zu lösen. Im Gegenteil, zu hohe Geldentwertungsraten werden von allen Mitgliedern der Währungsunion ihrerseits als Problem angesehen für eine nachhaltige Wohlstandsentwicklung und auf Dauer stabile Arbeitsmärkte. Die erste Dekade der Europäischen Währungsunion ist auch gekennzeichnet durch eine Geldentwertungsrate, die sogar niedriger liegt als der Durchschnitt der Inflationsraten in Deutschland in den Jahrzehnten der Deutschen Mark. Insoweit hat die Politik ihr Stabilitätsversprechen eingelöst. »Der Euro wird mindestens so hart wie die D-Mark« – diese Einschätzung des damals verantwortlichen deutschen Bundesfinanzministers Theo Waigel ist Wirklichkeit geworden.

Offen ist, ob dies auf Dauer so bleibt. Die Europäische Zentralbank ist durch die verschiedenen Rettungspakete der letzten Jahre zumindest indirekt in die Staatsfinanzierung eingetreten, indem sie Staatsanleihen aufgekauft und zusätzlich den Banken praktisch in unbegrenztem Umfang Refinanzierungsmittel zur Verfügung gestellt hat, mit denen die Banken wiederum Staatsanleihen aufkaufen können. Die Monetarisierung der Staatsfinanzierung, die nach dem Maastricht-Vertrag und den Statuten der EZB gerade ausgeschlossen sein sollte, findet statt. Dafür lassen sich Gründe finden, vor allem die Abwendung einer schweren Bankenkrise in Europa liegt im überragenden Interesse nicht nur der europäischen Staaten, sondern letztendlich im Interesse der gesamten Staatengemeinschaft. Doch die Ursachen der Staatsschuldenkrise sind mit den Rettungspaketen noch nicht wirklich beseitigt. Die Verabredung strengerer Haushaltsdisziplin und eines wirkungsvolleren Sanktionsmechanismus sind Schritte in die richtige Richtung, um an die Ursachen der Krise, nämlich die überbordende Verschuldung der öffentlichen Haushalte in Europa, heranzukommen. Es zeigt sich aber heute, wie richtig es bei der Einführung der Währungsunion war, davon auszugehen, dass eine Währungsunion auf Dauer ohne politische Union nicht bestehen kann. Und es zeigt sich auch, welche Elemente einer vertieften politischen Integration in Europa fehlen, um die Währungsunion dauerhaft zu stabilisieren.

Während eine Reihe von Ländern, vor allem die Bundesrepublik Deutschland, auch nach dem Eintritt in die Währungsunion intensiv an ihrer Wettbewerbsfähigkeit gearbeitet haben, haben sich andere, vor allem mehrere südeuropäische Länder, in der Währungsunion zunächst sehr bequem eingerichtet und darauf gehofft, dass allein der Transfer niedriger Zinsen und niedriger Inflationsraten die ökonomischen Probleme ihrer Länder schon löst. Nachdem Deutschland und Frankreich in den Jahren 2002/03 den Maastricht-Vertrag zuerst verletzt hatten, war die Fiskaldisziplin auch in diesen Ländern endgültig dahin, die niedrigen Zinsen haben zu einer weiter steigenden Verschuldung geradezu eingeladen.

Da Abwertungen, um kurzfristig einseitige Wettbewerbsvorteile zu erlangen, in einer Währungsunion definitionsgemäß nicht mehr möglich sind, waren alle politischen Instanzen davon ausgegangen, dass jetzt endlich der Anpassungsdruck auf die Arbeitsmärkte groß genug wird, um auf Dauer wettbewerbsfähige Arbeitsplätze zu schaffen. Das Gegenteil davon ist eingetreten. Zahlreiche Länder in der Währungsunion haben Lohn- und Gehaltssteigerungen zugelassen, die in einem umgekehrt proportionalen Verhältnis zur wirtschaftlichen Leistungsfähigkeit ihrer Industrie standen. Schon kurze Zeit nach Begründung der Währungsunion sind die Lohnstückkosten in diesen Staaten sprunghaft angestiegen mit der Folge, dass eine flächendeckende De-Industrialisierung dieser Länder eingesetzt hat. Die Abstände in der Wettbewerbsfähigkeit etwa zur Bundesrepublik Deutschland wurden dadurch noch größer als sie ohnehin vor der Währungsunion schon waren.

Es war auch ein Irrtum zu glauben, dass die europäischen Staaten lediglich über eine gute, öffentliche Infrastruktur verfügen müssen, um attraktiv für neue Arbeitsplätze zu sein. Portugal ist beispielsweise eines der Länder, das in den letzten Jahrzehnten von den europäischen Strukturfonds mit am meisten profitiert hat. Die Verkehrsinfrastruktur des Landes ist fast überall hervorragend, trotzdem ist dieses Land eines der europäischen Problemländer geworden mit einer sehr hohen Arbeitslosigkeit und geringer ökonomischer Wettbewerbsfähigkeit. Und schließlich sind die westlichen Staaten bis vor einigen Jahren davon ausgegangen, dass sie sich an den Kapitalmärkten der Welt unbegrenzt refinanzieren können, da sie praktisch kein Risiko darstellen. Auch hier hat sich herausgestellt, dass es Grenzen für die Verschuldungsfähigkeit der Staaten gibt, dass die Kapitalgeber jedenfalls hohe Risikoaufschläge verlangen, wenn sie an der Bonität ihrer Schuldner Zweifel bekommen. Einige Länder können sich an den Kapitalmärkten trotz der Risikoaufschläge nicht mehr ausreichend refinanzieren.

Die europäischen Staaten haben aus diesen Erfahrungen die ersten richtigen Schlussfolgerungen gezogen. Es ist erfreulich, dass es offenbar einen Konsens gibt, die Schulden einzudämmen und sie mittelfristig nach deutschem Vorbild mittels einer Schuldenbremse zurückzuführen. Auch die im Fiskalpakt verabredeten Sanktionsmechanismen dürften größere Wirkung entfalten als der Stabilitäts- und Wachstumspakt, dessen Anwendung von zu vielen politischen Einflussmöglichkeiten konditioniert war.

Die Frage bleibt allerdings, ob ein solcher Fiskalpakt wenigstens der erste wesentliche Baustein einer politischen Union sein kann. Bei der Vielzahl der Konstruktionsfehler und Irrtümer der Währungsunion erscheint dies mehr als fraglich. Modellhaft betrachtet, müsste eine politische Union sehr viel mehr leisten: Eine politische Union müsste sich auf gemeinsame Mechanismen zur Stärkung der Wettbewerbsfähigkeit ihrer Industrie verständigen.

Dazu müssten auch Lohnfindungsmechanismen entwickelt werden, die nach gemeinsamen Maßstäben funktionieren, und vor allem das Ziel im Auge behalten, wettbewerbsfähige Arbeitsplätze zu erhalten oder, besser noch, zu schaffen.

Schließlich müssten die Sanktionsmechanismen in der Budgetpolitik so funktionieren, wie die Haushaltskontrolle der deutschen Länder über die Ausgaben der Kommunen, die trotz kommunaler Selbstverwaltung keine uneingeschränkte Eigenständigkeit besitzen, sondern Teil der Länder sind.

Gerade am letztgenannten Beispiel zeigt sich aber, welcher Souveränitätstransfer auf die europäische Ebene notwendig wäre, um eine solche Haushaltsdisziplin zur Not zu erzwingen. Das deutsche Bundesverfassungsgericht hat der weiteren europäischen Integration gerade aus diesem Blickwinkel heraus enge Grenzen gesetzt und so weitreichende Souveränitätsverzichte nur im Wege einer verfassungsgebenden Neukonstituierung des Verhältnisses zwischen Europa und seinen Gliedstaaten zugestimmt. Genau hier aber stößt die europäische Integration an Grenzen, die nicht ohne Begründung einer Eigenstaatlichkeit der Europäischen Union und Herabstufung der Mitgliedstaaten zu wenigstens partiell unselbständigen Gliedstaaten überschritten werden könnten. Neben der Frage, ob es dafür überhaupt jemals eine Zustimmung der Bürger in Europa und in den einzelnen Staaten geben würde, stellt sich die Frage, ob ein solches Konstrukt eines europäischen Zentralstaates wirklich wünschenswert wäre.

Konzentrische Kreise einer gestuften Integration?

Es erscheint jedenfalls offensichtlich, dass eine Zustimmung aller 27 Mitgliedstaaten der Europäischen Union zu einem solchen Integrationsschritt auf absehbare Zeit nicht zu erwarten ist. Im Gegenteil, die kulturellen Unterschiede im Staatsverständnis, aber auch die zum Teil reflexhafte Ablehnung weiterer Kompetenzübertragungen auf die europäische Ebene in zahlreichen Mitgliedstaaten, darunter auch der Bundesrepublik Deutschland, dürften weitere Integrationsschritte enorm schwierig machen. Wenn aber die eingetretene Lage etwas ganz anderes erfordert als die politischen Bedingungen zulassen, stellt sich die Frage nach der Alternative.

Wolfgang Schäuble und Karl Lamers haben vor einigen Jahren schon einmal ein Konzept entwickelt, wie einige wenige Mitgliedstaaten der EU einen harten Kern der politischen Union bilden und vor allem ihre Geldpolitik, ihre Fiskal- und Haushaltspolitik und – entscheidend! – ihre Wirtschafts- und Sozialpolitik noch enger als bisher abstimmen und auf eine gemeinsame, gleichgerichtete Politik ausrichten könnten. Diese Forderungen sind seinerzeit ebenso begrüßt wie massiv kritisiert worden. Doch fast 20 Jahre nach der Vorstellung dieser Gedanken zeigt sich, wie Recht die beiden Autoren in ihrer Einschätzung hatten, dass ein unbegrenztes »Weiter so« des Größerwerdens der Europäischen Union und der Defizite der politischen Integration in eine Sackgasse für ganz Europa führen musste. Heute ist zudem absehbar, dass die Verschuldungskrise, die keine globale Krise ist, sondern eine Krise Europas und der Vereinigten Staaten von Amerika, gleichzeitig zu einer größeren Verschiebung der ökonomischen und politischen Machtzentren auf dieser Welt führt, ein Prozess, dessen Ende nicht absehbar, aber auch noch nicht hinreichend kalkulierbar ist. Zumindest monetär geraten Europa und Amerika in eine große Abhängigkeit von asiatischen Ländern, insbesondere von China. China ist heute bereits der größte globale Kreditgeber. Eine solche Entwicklung war Anfang der 90er Jahre nicht vorhersehbar, verschärft heute aber noch einmal die Herausforderungen, die Amerika und eben auch Europa global zu bestehen haben.

Was bedeutet dies für die weitere europäische Integration? Es widerspricht nicht dem europäischen Geist, Inhalt und Formen vertiefter Zusammenarbeit zunächst zwischen einzelnen Staaten in Europa zu diskutieren und zu konzipieren. Eine Gruppe von Staaten, die die Überzeugungen einer politischen Union miteinander teilen, sollte deshalb bald Konzepte entwickeln, wie die Erfahrungen der Krise genutzt und neue Konzepte umgesetzt werden können. Ziel muss es dabei sein, die Erfolgsvoraussetzungen zu definieren, wie eine Währungsunion in eine politische Union implementiert werden kann, die in wesentlichen politischen und ökonomischen Entscheidungen nur noch gemeinsam handelt. Konzeptionell kann diese Staatengruppe auch anknüpfen an die Anforderungen, die im Jahr 2000 in der Lissabon-Strategie formuliert wurden, und die die Europäische Union innerhalb eines Zeitraums von zehn Jahren zum wettbewerbsfähigsten und dynamischsten, wissensgestützten Wirtschaftsraum der Welt machen sollte. Alle sozial- und arbeitspolitischen Parameter sollten sich dabei ausschließlich dem Ziel unterordnen, global wettbewerbsfähige Arbeitsplätze zu erhalten und neue zu schaffen. Denn hier liegt der eigentliche Kern des Problems: Die langanhaltende Überforderung der öffentlichen Haushalte, die zu der Schuldenkrise in Europa geführt hat, konnte nur eintreten, weil zahlreiche Staaten und ihre Tarifvertragsparteien es über lange Zeiträume versäumt haben, auf die Wettbewerbsfähigkeit ihrer Arbeitsplätze zu achten. Die Kompensation durch Transferzahlungen hat dieses Problem lange verdeckt, dafür ein anderes, viel größeres entstehen lassen, nämlich die Schuldenkrise. Sie ist ein Weckruf für alle Regierungen und alle Staaten. Der Weckruf ist gehört worden, und zur Eindämmung der Krise sind finanzpolitische Maßnahmen ergriffen worden. Aber die Schuldenkrise ist nicht nur eine finanz- und haushaltspolitische Herausforderung. Sie erfordert in naher Zukunft einen wirklich großen politischen Schritt zur weiteren Integration Europas.

Wie wichtig ein solcher Schritt wäre, zeigt sich an einem Sachverhalt, den die Bürger Europas vor der Schuldenkrise viele Jahre als das größte zu lösende Problem in ihren Ländern gesehen haben, nämlich die hohe, strukturelle Arbeitslosigkeit. Im Schatten der Schuldenkrise und außerhalb der Wahrnehmung eines sehr großen Teils der deutschen Bevölkerung ist dieses Problem in Europa zu Beginn des Jahres 2012 in doppelter Hinsicht so groß geworden wie nie zuvor: Die Arbeitslosigkeit in Europa ist auf den höchsten Stand seit Einführung des Euros gestiegen. 25 Millionen Menschen sind in der EU ohne Arbeit, in den Euroländern sind es 17 Millionen oder 10,8 Prozent. Gleichzeitig hat Deutschland die niedrigste Arbeitslosigkeit seit der Wiedervereinigung. Diese unterschiedliche Entwicklung führt schon jetzt zu erheblichen Spannungen zwischen den Euro-Staaten, die sich weiter verschärfen werden, wenn die Länder mit sehr hoher Arbeitslosigkeit, die zugleich die am höchsten verschuldeten Länder Europas sind, nicht sehr bald eine Chance bekommen, ihre Probleme zu lösen.

Es stellt sich allerdings immer dringlicher die Frage: Wie soll das eigentlich gehen? Wie können in den betroffenen Ländern die wirtschafts- und finanzpolitischen Rahmenbedingungen so verändert werden, dass dort wieder – und vor allem darum geht es – wettbewerbsfähige Arbeitsplätze entstehen können?

Eine erste Erkenntnis muss wohl leider die sein, dass das Europa der 27 die notwendigen politischen Entscheidungen nicht zustande bringt. Diese Unfähigkeit zur problemadäquaten Lösung verbindet sich tragischerweise gleich zweimal mit dem Namen der Stadt Lissabon: Der Lissabon-Vertrag, der nach qualvollen Prozeduren zustande gekommen ist, wird den Anforderungen an eine politische Union nicht gerecht; und die bereits genannte »Lissabon-Strategie« ist von den Mitgliedstaaten, obwohl die Ziele der Strategie richtig waren, nicht umgesetzt worden. Auch die Kommission hat es nicht vermocht, diese Strategie durchzusetzen. Das ebenso naheliegende wie enttäuschende Fazit daraus lautet: Die Europäische Union ist für ehrgeizige, aber eben auch notwendige politische Entscheidungsprozesse zu groß geworden. 27 Mitgliedstaaten lassen sich heute nicht mehr auf größere Anpassungsprozesse einigen.

Die zweite Schlussfolgerung aus der Entwicklung der letzten Jahre ist für uns Deutsche in Europa nicht ganz einfach offen auszusprechen. Aber offensichtlich haben wir seit der Wiedervereinigung die Mehrzahl der wirtschaftspolitischen Entscheidungen richtig getroffen. Nicht nur die Politik, auch die Betriebe, die Arbeitgeber wie die Belegschaften, auch und vor allem die Tarifvertragsparteien haben sich sehr verantwortungsvoll gezeigt. Wir sind auch mit unserer Industrie weitgehend richtig »aufgestellt«, sowohl was die Branchen betrifft als auch mit Blick auf die Unternehmensgrößen. Zum Erfolg unseres Arbeitsmarktes tragen große, international tätige Konzerne ebenso bei wie die Industrieunternehmen des Mittelstandes und kleine Handwerks- und Familienbetriebe. Diese gesunde Struktur ist in Europa eher die Ausnahme als die Regel. Zugleich hat die Politik die ökonomischen Gesetzmäßigkeiten akzeptiert und durch eine weitgehend angebotsorientierte Wirtschaftspolitik die Bedingungen für den Erfolg des Arbeitsmarktes kontinuierlich verbessert. Vor allem die »Agenda 2010« der zweiten Regierung Schröder hat langfristig positive Wirkungen entfaltet.

Die dritte Erkenntnis relativiert den Verdacht, die vorgenannte Betrachtung sei etwas zu sehr aus deutscher Sicht geprägt: Immerhin gibt es in einigen europäischen Ländern eine Diskussion, ob man nicht dem deutschen Vorbild folgen sollte. Das Thema bestimmte sogar den französischen Präsidentschaftswahlkampf, ein Vorgang, der in dieser Form bisher nicht vorstellbar war. Wir sagen es nicht gern, und viele hören es nicht gern, aber mehr und mehr verbreitet sich in Europa die Erkenntnis, dass eine Wirtschafts- und Finanzpolitik nach deutschen Erfahrungen auch für andere europäische Staaten ein Vorbild sein könnte und sollte. Dabei spielen vor allem unsere Lohnfindungssysteme eine größere Rolle, in deren Mittelpunkt die Tarifvertragsparteien und ihr Umgang mit einem Zielkonflikt stehen, der in anderen europäischen Ländern anders gelöst wird als bei uns: Lohn- und Gehaltserhöhungen sind wichtig, aber sie stehen im übergreifenden Kontext der Überlebensfähigkeit der Unternehmen und ihrer Arbeitsplätze im globalen Wettbewerb. Im Zweifel ist auch den Arbeitnehmern und ihren Gewerkschaften die Sicherung der Wettbewerbsfähigkeit der Arbeitsplätze wichtiger als Lohn- und Gehaltserhöhungen.

Und weil wir mit unserem deutschen Weg der Sozialen Marktwirtschaft so gute Ergebnisse erzielt haben, müssen wir nach Mitstreitern in Europa suchen, die bereit sind, diese Wirtschafts- und Arbeitsmarktpolitik mit uns gemeinsam fortzusetzen und in eine europäische Strategie einzubetten. Die Alternative zu einer Politik der EU-Kommission und aller 27 Mitgliedstaaten »von oben« die Europa in eine Sackgasse geführt hat, ist eine Initiative einer kleinen Gruppe von europäischen Staaten, die die politische Union »von unten« ins Werk setzen.

Der Weg dorthin ist schwer und voller Hindernisse. Eine solche politische Kraftanstrengung ist auch nicht allein von der institutionalisierten Politik zu leisten, zumal über das Ziel dieses nächsten Integrationsschrittes sorgfältig beraten und wahrscheinlich auch hart gerungen werden muss. Jürgen Habermas fordert in seinem jüngsten Essay zur Verfassung Europas denn auch, von der Politik hinter verschlossenen Türen umzupolen auf den »hemdsärmeligen Modus eines lärmend argumentativen Meinungskampfes in der breiten Öffentlichkeit«.

Wahrscheinlich werden erneut Deutschland und Frankreich diesen Diskurs beginnen und mit konkreten Schritten unterlegen müssen. Vielleicht kann Polen von Anfang an gewonnen werden mitzumachen, dieses Land hat Erfahrungen mit einer Staatschuldenkrise, gehört zwar bisher nicht dem Euro an, verfügt aber sowohl über eine ausgezeichnete, qualifizierte Facharbeiterschaft als auch über hervorragende Universitäten und das Land hat in den letzten Jahren eine sehr gute wirtschaftliche Entwicklung eingeleitet. Polen, Frankreich und Deutschland könnten nicht zuletzt aus ihrer geostrategischen Lage heraus eine neue Dynamik in den europäischen politischen Integrationsprozess bringen, wenn sie versuchten, die bisher ja weitgehend nur als Überschriften bestehenden Programme einer engeren Koordinierung der Haushaltspolitik sowie Abstimmung in der Wirtschafts- und Sozialpolitik mit Substanz zu füllen. Sie müssten sich verbindliche, gemeinsame und weitergehende Regeln setzen für die gegenseitige Kontrolle ihrer Staatshaushalte. Dies wäre ein erster Schritt hin zu größerer Glaubwürdigkeit, dass diese drei es sehr ernst meinen mit der Begrenzung und Reduzierung der Verschuldung (mit der Polen von allen drei genannten Ländern das kleinste Problem hat!). Sodann müssten die drei Länder einen Konsens erzielen bei der Definition ihrer arbeitsmarktpolitischen Ziele und Instrumente. Vor allem die Angebotsseite der beteiligten Volkswirtschaften entscheidet über die Wettbewerbsfähigkeit der Arbeitsplätze, also müssen genügend Anreize geschaffen werden für Innovationen auf allen Ebenen. Wettbewerbsfähige Arbeitsplätze sind schließlich auch das beste Argument für die Begrenzung öffentlicher Ausgaben insbesondere in der Sozialpolitik. Der wirtschaftspolitische Konsens sollte ein gemeinsames Regelwerk für die Tarifvertragsfreiheit von Gewerkschaften und Arbeitgeberverbänden ebenso umfassen wie die Möglichkeit, grenzüberschreitende, gemeinsame Tarifverträge für einzelne Branchen und Regionen zuzulassen. So würde gemeinsam mit der Freizügigkeit der Arbeitnehmer schnell ein integrierter Arbeitsmarkt in der Mitte Europas entstehen. Die Gewerkschaften könnten zu einem solchen Schritt vielleicht gewonnen werden, wenn zuerst ein Tarifvertrag für die Zeitarbeit zustande kommt, der in allen drei Ländern einheitlich gilt. Andere Branchen und Tarifgebiete müssten folgen.

Es ist selbstverständlich, dass an einer solchen Aufgabe die Parlamente der betroffenen Staaten beteiligt werden müssen. Auch ein Staatsvertrag der beteiligten Länder zu den Themen, die behandelt werden sollen, könnte sinnvoll sein. Selbstverständlich ist, dass das Vorangehen einer Gruppe von Staaten in der EU nicht als »closed shop« verstanden wird, sondern offen bleibt für andere, die sich diesem Weg anschließen wollen. Aber entscheidend ist, dass auch diese Schritte einer verstärkten wirtschaftspolitischen Zusammenarbeit erneut als das verstanden werden, was sie sein müssen, nämlich Instrumente zur politischen Einigung Europas und zwar nach Art und Umfang in einer Dimension, die die Bezeichnung »Politische Union« wirklich verdient.

Es mögen andere Politikbereiche besser geeignet sein, den Weg zur Politischen Union zu eröffnen. Entscheidend ist, dass einige Staaten Europas aus dem Krisenmodus in den Gestaltungsmodus übergehen und Schritt für Schritt nachholen, was schon vor mehr als zehn Jahren mit der Politischen Union Europas versprochen wurde. Ohne diese Perspektive dürfte die Währungsunion, der Europa trotz aller auftretenden Probleme so viel zu verdanken hat, auf Dauer keinen Bestand haben. Die Schuldenkrise Europas hat die politischen Zentrifugalkräfte gezeigt, die das bisher schon Erreichte in Frage stellen und am Ende zerstören können. Dann wäre mehr als nur ein ökonomisches Projekt gescheitert.

»Die Freiheit lebt davon, dass die Vorbilder sich vorbildlich verhalten«[*]
Von Günther Nonnenmacher

Politische Talkshows im Fernsehen wirken selten aufklärerisch, aber manchmal doch decouvrierend. Solch einen Augenblick gab es bei »Günther Jauch« am Sonntagabend, den 30. Oktober 2011 in der ARD. Dort saß unter den Gästen Hilmar Kopper, dessen Bonmots die Frankfurter Bankentürme schon öfter zum Beben brachten. Und der pensionierte ehemalige Vorstandssprecher der Deutschen Bank erwies sich als Rückfalltäter. Gefragt, was er von Derivaten und anderen komplizierten Finanzprodukten halte, sprach er wegwerfend von diesem »Zeug«, von dem er zu Beginn der Finanzkrise in einer anderen Talkshow schon einmal gesagt hatte (»Hart aber fair«, ARD am 18. September 2008 und am 26. März 2009), er lege sein eigenes Geld selbstverständlich nicht in Papieren dieser Art an. Auf die Nachfrage, warum seine ehemalige Bank solche Anlagen dennoch verkauft habe, antwortete er, sie seien schließlich nicht verboten gewesen. Außerdem sei es so,

---

[*] Wolfgang Schäuble im Bayernkurier, 23. Februar 2008.

dass ein Kunde selbstverständlich bekomme, was er wolle.

Koppers Antworten verdienen eine genauere Betrachtung. Dazu gehört zunächst einmal die schlichte Feststellung, dass ein kompetenter Banker, der seinen Beruf von der Pike auf gelernt hat, ein eindeutiges Unwerturteil über eine ganze Klasse von Finanzprodukten fällt, die seine Bank als einer der größten Emittenten eifrig vertreibt. Zweitens ist bemerkenswert, welche klare Scheidung Kopper vornimmt: Was nicht verboten ist, ist erlaubt. Schließlich erscheint es mir doch erstaunlich, dass der Kundenwille angeführt wird. Dabei ist im Anzeigenteil jeder Tageszeitung nachzulesen, dass solche Finanzprodukte von den Banken heftig beworben, also, wie man heute sagt, durchaus in den Markt »gepusht« wurden.

Anknüpfen will ich am zweiten Punkt, also der Aussage, was nicht verboten sei, sei erlaubt. Das stößt sich bei genauerer Betrachtung ziemlich hart im Raum mit der Selbstbeschreibung (oder Selbstdarstellung) als »ehrbarer Kaufmann«, die gerade Banker im öffentlichen Diskurs gerne pflegen. Kein Zweifel: Rechtlichkeit ist das Fundament jeglichen ordentlichen Geschäftsverkehrs. Aber gehört zum Kaufmann, der sich mit dem Adjektiv »ehrbar« schmückt, einem Wort, das aus dem Katalog der Tugenden kommt, nicht mehr als das? Sollte ein ehrbarer Kaufmann nicht auch, über die Einhaltung des Rechts hinaus, rechtschaffen sein? Wäre er dies, dürfte er dann einem Kunden ein Produkt anbieten, das er selbst für unwertes »Zeug« hält? Oder sollte der ehrbare Kaufmann seinem Kunden, selbst wenn dieser danach fragt, dann nicht abraten oder gar abweisend reagieren, etwa indem er sagen würde: »Wir verkaufen so etwas nicht, weil wir von diesem Produkt nicht überzeugt sind. Wenn sie es dennoch unbedingt wollen, müssen sie zu einer anderen Bank gehen?«

Der »ehrbare Kaufmann«, der als Fachmann mehr von Finanzgeschäften versteht als sein Kunde, sollte, so würde ich es formulieren, die Verantwortung für sein Geschäftsgebaren übernehmen. Auch wenn sich nie genau vorhersagen lässt, wie sich eine Anlage entwickelt (etwa eine Aktie), müsste er von riskanten Geschäften abraten oder seinen Kunden auf Gefahren hinweisen, in dem Sinne, dass er ihm mögliche Schäden klar vor Augen stellt. Das jedenfalls gehört zum Begriff der Verantwortung, wie ihn Julian Nida-Rümelin definiert: »Unsere Verantwortung äußert sich darin, dass wir Gründe angeben können, warum wir die Risiken und Chancen, die mit der Handlung verbunden sind, akzeptiert haben.« Dabei gibt es »eine moralische Asymmetrie zwischen Schädigen und Wohltun [...] Zum Wohltun bin ich nicht verpflichtet, ich bin aber verpflichtet, niemanden zu schädigen« (Nida-Rümelin 2011, S. 113, 115).

Dieses Postulat scheint mir recht genau den Zwischenraum zu beschreiben, der zwischen dem Erlaubten und dem Verbotenen liegt. Es ist der Raum, den schon Aristoteles mit dem Wort Ethos als Inbegriff ungeschriebener Verhaltensregeln benannt hat und den Hegel zweitausend Jahre später als das von gesellschaftlichen Normen erzeugte »System der Sittlichkeit« beschreibt. Es ist der Raum, in dem in aller Selbstverständlichkeit Werte und Regeln gelten, ohne die das Funktionieren einer Gesellschaft im Grunde gar nicht vorstellbar ist: Anstand, Rücksichtnahme, das Vermeiden von Lügen, dazu eine Reihe von »Sekundärtugenden« (Oskar Lafontaine) wie Zuverlässigkeit, Pünktlichkeit und Ordnunghalten; selbstverständlich gehört in diese Reihung, gewissermaßen als ihr Oberbegriff, auch die Rechtschaffenheit.

Wer diesen Raum zwischen dem Verbotenen und dem Erlaubten negiert, negiert das moralische Substrat – zunächst einmal im ursprünglichen Wortsinn verstanden, nämlich als Gesamtheit der »mores«, der Sitten – jeder Gesellschaft. Genau in diesem Bereich ist aber angesiedelt, was wir unter Verantwortung verstehen. Wir haben konstatieren können, dass viele Banker in den vergangenen Jahren zwar falsche Einschätzungen, also gewissermaßen professionelle Schwächen eingestanden haben. Aber, soweit ich sehe, hat kein einziger von seinem Teil der Verantwortung an einer »systemischen« Fehlentwicklung gesprochen, ganz zu schweigen davon, dass ein Banker aus dieser Verantwortung auch konkrete persönliche Konsequenzen gezogen hätte.

Dabei ist es keineswegs so, dass diese Fehlentwicklung sich unsichtbar, also um noch einmal mit Hegel (und Marx) zu sprechen, »hinter dem Rücken« der Akteure vollzogen hätte. Ich kann mich hier auf

eine sozusagen private, jedenfalls vollkommen unre-
präsentative Umfrage aus dem Jahr 2008 unter Vor-
ständen Frankfurter Großbanken berufen. Auf die
Frage, ob sie als Fachleute für das Finanzsystem nicht
gesehen hätten, dass die ungeheuerliche Ausweitung
der auf den Finanzmärkten gehandelten Summen und
die immer weiter steigende Komplexität (und damit
Unberechenbarkeit) der Finanzprodukte nicht irgend-
wann in den Abgrund (also in eine Bankenkrise) führen müssten, waren die Antworten eindeutig: Doch,
man habe ein schlechtes Gefühl dabei gehabt und ge-
wusst, dass dies auf Dauer nicht gut gehen könne. Auf
die Nachfrage, ob in den von Spitzenkräften bezoge-
nen exorbitanten Gehältern nicht eine Prämie dafür
enthalten sei, dass sie die Voraussicht und Verantwortlichkeit hätten, bei einem solchen »Zug der Lem-
minge« nicht mitzumachen, war die Antwort auch
immer dieselbe: Üblicherweise würden schlechte Risiken in einer Bankbilanz über die Zeit »ausge-
schwitzt«, also peu à peu abgeschrieben. Dies sei
aber in den Hochjahren des Finanzzaubers nicht möglich gewesen, weil die »Analysten« (übrigens eine in-
teressante neue Wortschöpfung im Deutschen, in
dem wir uns ansonsten immer noch mit dem altmo-
dischen Psycho-»Analytiker« begnügen) solche Ab-
schreibungen sofort bestraft, sprich: den Börsenkurs
der Bank heruntergeschrieben hätten. Ein besonders
wichtiger Banker gab zu, in einer »idealen« Welt hätte
man in der Tat vorsorgen müssen, aber in der »realen«
Welt der Finanzmärkte sei das nicht möglich gewesen.

Man erkennt die Argumentationsfigur, mit deren Hilfe sich die Verantwortlichen ihrer Verantwortung entziehen, obwohl doch gerade das umsichtige Reagieren in schwierigen Zeiten unter widrigen Umständen, durchaus mit dem Risiko des Scheiterns (dafür ist die entsprechende Prämie eingepreist), ihre finanzielle Entlohnung erst rechtfertigt. Der amerikanische Soziologe Richard Sennett hat das auf den Punkt gebracht (NZZ-Folio 11/2011): »Den Crash zu einem urwüchsigen Ereignis zu erklären, das sich der eigenen Kontrolle entzieht, verrät eine gewisse Gerissenheit: Wenn alles gut geht, rechnen es sich die Spitzenleute als persönliches Verdienst an, wenn nicht liegt der Fehler im System.«

Es gibt Nuancen im Sprachgebrauch, die verräterisch sind. Im Deutschen ist bei einem Verhalten, wie es die oben zitierten Banker im Grunde offen eingestehen, als Erklärung üblicherweise die Rede von »falschen Anreizen«, die das System gesetzt habe: etwa die einseitige Konzentration auf »shareholder value«, die durch Quartalsberichtspflichten geförderte Kurzfristigkeit betriebswirtschaftlicher Kalküle oder Bonusregeln, die systemische Fehlanreize auf personaler Ebene noch verstärken. In der englischsprachigen Ökonomie wird dafür üblicherweise das Wort »moral hazard« benutzt, übersetzt: »moralische Versuchung« oder »sittliche Gefährdung«. Das enthält zumindest noch den Gedanken, dass, wer sich so verhält, unmoralisch oder unsittlich handelt. Im Deutschen, so scheint mir, geht das in einem Pawlow'schen Schema unter: falscher Reiz, falsche Reaktion. Zugespitzt gesagt: Wo kein freier Wille, sondern nur Reflex, da kann es auch keine Verantwortung geben.

So hat denn auch – wie gesagt: soweit ich sehe – kein Banker »seine« Verantwortung für die Krise, und sei es nur die für die Schwierigkeiten seiner Bank, übernommen. Soweit Banker zur Verantwortung gezogen, also entlassen wurden, was – wiederum soweit ich sehe – hauptsächlich bei den sogenannten Staatsbanken der Fall war, also bei Landesbanken oder vom Staat in der Not übernommenen Banken, gab es dann womöglich, in treulicher Vertragserfüllung, auch noch einen »goldenen Handschlag«; in anderen Fällen laufen Klagen über Abfindungen.

Es geht mir hier nicht um eine auf Banken und Banker konzentrierte Verurteilung des »neoliberalen«, »entregulierten« Finanzsystems. Ähnliches Fehlverhalten lässt sich bei Managern in anderen Branchen beobachten, die es fertiggebracht haben, ihren Laden – teilweise Unternehmen von Weltrang – an die Wand zu fahren. Kaum ein Normalbürger hat Verständnis dafür, mit welchen Summen, um nur ein paar prominente Beispiele zu nennen, die Herren Schrempp oder Middelhoff oder Claassen abgefunden wurden oder um welche Summen sie sich mit ihrem Arbeitgeber bis heute streiten. Was es bedeutet, wenn jemand, in dessen Gehalt (inzwischen gibt es noch zusätzliche »Antrittsgelder«) schon eine fette Risikoprämie enthalten war, im Falle des Scheiterns nicht belangt, sondern

gar noch belohnt wird, während die kleinen Lichter in
»seiner« Firma oft genug den Preis für Missmanage-
ment in Form von Lohnverzicht oder gar Arbeitslosigkeit zu zahlen haben, lässt sich leicht ausmalen und ist
in Umfragen gut dokumentiert. Wer das für schieren
Populismus hält, sollte sich einmal vor Augen halten,
welche Konsequenzen das für die Akzeptanz der sozialen Marktwirtschaft in unserem Land hat – auch hier
sprachen die Umfragen für sich selbst. Es ist ein Alarm-
zeichen, dass ein Kollege, Ulrich Wickert, mit dem
Buchtitel »Der Ehrliche ist immer der Dumme« einen
Bestseller gelandet hat. Es ließe sich einwenden, dass es
diese Art von Neidhammel-Literatur schon immer gegeben habe. Doch inzwischen geht es, vor allem in der
Großindustrie, Banken eingeschlossen, nicht mehr
nur – klassischerweise – um das subjektive und/oder
moralische Versagen einzelner, sondern um eine fast
flächendeckende Erscheinung. Da kommt verbreitet
auch in bürgerlichen Schichten der Verdacht auf, dass
da im »System« etwas falsch läuft (F. Schirrmacher,
F.A.S. vom 14.8.2011). Jedenfalls gibt es mehr Gründe
als zuvor, solche Kritik ernst zu nehmen.

Es gibt, wie mir scheint, zwei Strategien, die gegen den im Wirtschaftsleben sichtbar gewordenen
Mangel an Verantwortung ins Feld geführt werden.
Die eine, die in der Staatsschuldenkrise von der Un-
ternehmenswelt inzwischen auf die Ebene der Staaten
gehoben worden ist, heißt: Risiko und Haftung gehören zusammen. Man wird allerdings fragen dürfen,
wie diesem schönen Prinzip in einer Privatwirtschaft,

die, wenigstens was die großen Unternehmen angeht, von Managern bestimmt wird, Geltung verschafft werden könnte. Es mag Fälle von offensichtlichem Betrug geben, die straf- und zivilrechtliche Folgen nach sich ziehen. Doch dass schlichter Betrug vorliegt, dürfte dann doch – soviel Rechtlichkeit muss sein – die Ausnahme sein, und selbst dort, wo dieser Verdacht besteht, ist ein Vorsatz oft nicht nachzuweisen. Dann gibt es den Tatbestand der Untreue, aber der ist, wie uns Rechtswissenschaftler belehren (Lüderssen in der F.A.Z. vom 29.6.2010, zuvor im Fall CDU vs. Helmut Kohl schon Naucke, F.A.Z. vom 10.3.2001) noch schwerer zu belegen, so dass es meist bei einer »formellen Verfahrenserledigung« bleibt (Einstellung des Verfahrens gegen Zahlung einer Buße) oder die Nachforschungen aus Komplexitätsgründen im Sande verlaufen.

Das verhält sich anders im Fall von Familienunternehmen: Da kann der Weg vom Risiko über die Haftung direkt zum Ruin führen. Der ist zwar bei gesichertem Privatvermögen manchmal mit Samt ausgeschlagen; aber neben dem öffentlichen Ansehensverlust hat es zumindest einen Fall gegeben, in dem ein Eigentümer dramatische persönliche Konsequenzen gezogen hat. Von der Verantwortung eines angestellten Managers jedenfalls ist kein Weg zu erkennen, der zu einer Haftung im strafrechtlichen Sinn führt. Im Gegensatz zum Eigentümer, für den die Vernichtung seines Lebenswerkes einschließlich der damit verbundenen gesellschaftlichen Konsequenzen eine persönlich-moralische Dimension hat, war in den vergangenen Jahren nicht festzustellen, dass das Ausweichen vor Verantwortung bei Managern mit der moralischen Strafe gesellschaftlicher Ächtung verbunden wäre – oder diese wird als solche von den Betroffenen gar nicht empfunden oder nicht ernst genommen. Meist geht es weiter nach dem Motto: Ist der Ruf erst ruiniert, lebt sich's gänzlich ungeniert.

Die zweite Strategie gegen Verantwortungslosigkeit setzt direkt auf moralische Appelle und ist inzwischen Ausgangspunkt für ungezählte Bindestrich-Ethiken geworden, es gibt sogar Lehrstühle für Ethik in der Wirtschaft. Ich bezweifle, dass man da etwas vermittelt bekommt, zumindest was Prinzipien angeht, das nicht schon bei Platon, Aristoteles oder den Stoikern nachzulesen wäre. Außerdem kommen mir moralische Appelle mit Blick auf die von den Frankfurter Bankern zitierte heutige »reale Welt« wie der Versuch vor, einen Jumbo-Jet mit dem Lasso einzufangen, wie das der Münchner Philosoph Reinhart Maurer in einem anderen Zusammenhang vor Jahrzehnten beschrieben hat (Maurer 1975). Wenn in Teilen von Wirtschaft und Gesellschaft (die Politik nicht ausgenommen) der Raum zwischen dem, was erlaubt ist, und dem, was verboten ist, gar nicht mehr gesehen oder bewusst negiert wird, sind wir in einem nicht nur metaphorischen Wortsinn am ethischen Nullpunkt angelangt.

»Maßhalten« hieß einst eine Aufforderung Ludwig Erhards, für die er verspottet wurde, obwohl damit nur das Grundprinzip der praktischen Philosophie in Erinnerung gerufen wurde (Spaemann 1977); das war der Anfang vom Ende seiner politischen Laufbahn. Die Lehre, die sich daraus ableiten lässt, ist nicht neu: »Wenn Moral beschworen werden muss, ist das ein Zeichen dafür, dass ein System nicht mehr ordentlich funktioniert. Ethik wird dann als Ersatz für ein verblichenes Ethos funktionalisiert – und die Zuschauer merken die Absicht und sind verstimmt. Auch Ethik als Kern der praktischen Philosophie, so könnte man es in Anlehnung an Hegel formulieren, ist die Eule der Minerva, die ihren Flug erst dann beginnt, wenn die Leute schwarz sehen.

Niklas Luhmann hat den Verdacht geäußert, dass das Moralisieren von Problemen nicht zu ihrer Lösung beiträgt, sondern streitverschärfend wirkt und damit die Suche nach Lösungen sogar erschweren oder gar verhindern kann. So etwas ist aus dem Alltagsleben bekannt. Ich möchte nicht als Gegensatz, sondern als Kontrapunkt im musikalischen Wortsinn, dennoch die Vermutung äußern, dass das Eskamotieren moralischer Kategorien – in unserem Fall gälte das für eine Verantwortung, aus der keine praktischen Konsequenzen folgen – dazu führt, dass Probleme von der personalen Ebene auf die Systemebene verschoben werden: Wenn kein Banker Verantwortung übernimmt, wird eben das »System« verantwortlich gemacht. Das bedeutet: Verantwortung hat nicht nur eine persönliche, eine subjektiv-moralische Dimension, sie hat auch eine systemische Funktion.

In der Politikwissenschaft ist das im Grunde Gemeingut, auch wenn es selten reflektiert wird. Ich greife noch einmal auf den englischen Sprachgebrauch zurück, in dem die repräsentative, parlamentarische Demokratie auch als »responsible government« bezeichnet wird. Wilhelm Hennis (2000, S. 134) hat das auf den Punkt gebracht: »Der Abgeordnete ist dem Wähler verantwortlich und der Regierungschef dem Parlament.« Er hat gleichzeitig darauf hingewiesen (S.130 ff.), dass es dabei einen Zusammenhang mit dem Phänomen des Vertrauens gibt: »Der zentrale Begriff der repräsentativen Demokratie ist nicht die Volkssouveränität, nicht der Wille, sondern das Amt. Alle verfassungsmäßige Kompetenz ist hier ›trust‹ [...], anvertraute Aufgabe, Amtsgewalt [...] Jeder Wahlkampf geht darum, Vertrauen zu erwerben, das Vertrauen in den Gegner in Frage zu stellen.« Der Kern des Wahlaktes ist es demnach, diejenigen in die Verantwortung zu berufen, denen man vertraut bzw. – spiegelbildlich – diejenigen zur Verantwortung zu ziehen, also abzuwählen, die das Vertrauen enttäuscht haben.

Politische Verantwortung ist deshalb keine rechtliche Kategorie, noch nicht einmal eine moralische, sondern eine funktionale. In diesem Sinn geht es bei dem Rücktritt von Ministern in der Regel (von der der Fall zu Guttenberg eine Ausnahme ist), gar nicht um persönliches Fehlverhalten, sondern darum, das Vertrauen in das ordentliche Funktionieren eines Ministeriums oder der gesamten Regierung oder gar des politischen Systems wiederherzustellen. Ein Minister, das zeigt die Geschichte der Bundesrepublik, tritt nicht zurück, weil er sich persönlich schuldig gemacht hätte, sondern weil ihm seine Fraktion im Bundestag oder die Partei, von der er nominiert worden ist, oder das Publikum nicht mehr »zutraut«, sein Amt erfolgreich wahrzunehmen. Persönliche Verantwortung zu übernehmen, heißt dann im Grunde: einen systemischen Vertrauensverlust zu verhindern.

Dieser »funktionale Imperativ« lässt sich über die Politik hinaus verallgemeinern, wenn wir auf die Bedeutung sehen, die Vertrauen für Gesellschaft und Wirtschaft hat. Niklas Luhmann (2000) hat dazu das Nötige gesagt: Vertrauen heißt, die Gewissheiten oder auch nur die Informationen, die wir in der Vergangenheit gesammelt haben, auf die Zukunft zu übertragen. Das bedeutet: Wir vertrauen darauf, dass wir keinen katastrophalen Erfahrungsbruch erleben, dass sich die Zukunft also nicht vollständig von Gegenwart und Vergangenheit unterscheidet, in dem Sinne, dass künftig alles möglich wäre.

Auch das schließt unmittelbar an Verantwortung an. Wir haben Vertrauen, weil wir zu wissen glauben, dass derjenige, der gegen Regeln oder Normen verstößt oder gar Gesetze bricht, zur Verantwortung gezogen oder – im Fall eines Rechtsbruchs – bestraft wird. Deshalb gehen wir davon aus, dass sich unsere Mitmenschen an geschriebene und ungeschriebene Regeln und Gesetze halten. Solches Vertrauen in die Verantwortlichkeit anderer mag fallweise enttäuscht werden, ohne dass unser Weltbild gleich zusammenbricht. Doch wenn es regelmäßig enttäuscht wird, wenn wir uns auf nichts mehr verlassen können, tritt eine Systemkrise ein – das kann den Straßenverkehr oder baupolizeiliche Vorschriften betreffen; es gilt auch für das Finanzsystem, und der dramatischste Fall wäre dort ein »run« auf die Bankschalter.

Ich schlage deshalb vor, einmal über die These zu diskutieren, ob die Krise, in der wir uns derzeit befinden, eine Krise, die nach den Banken inzwischen die Staaten erreicht hat und die allgemein als »Vertrauenskrise« bezeichnet wird – die Banken trauen sich untereinander nicht und die Finanzmärkte verlieren das Vertrauen, dass die Staaten in der Lage sind, die Schuldenkrise in den Griff zu bekommen –, ob diese Krise nicht auch damit zu tun hat, dass im Grunde niemand, in welchem Subsystem und auf welcher Hierarchiestufe auch immer, persönliche Verantwortung übernommen hat. Auf eine spektakuläre Ausnahme komme ich noch zu sprechen.

Das lässt sich, personal verstanden, natürlich als Suche nach einem Sündenbock denunzieren. So schlecht beleumundet diese Suche auch sein mag: der Sündenbock hat durchaus eine Funktion, auf die der Anthropologe René Girard in seiner Theorie des Tieropfers hingewiesen hat: Das Opferritual repräsentiert den Selbstreinigungsakt einer Gesellschaft. Ist es vollzogen, kehrt Ruhe ein, die Gesellschaft fühlt sich entlastet und kann in Frieden weiterleben (Girard 1988).

Aber um das Denunzieren oder gar Opfern gieriger Banker oder inkompetenter Politiker geht es hier gar nicht. Es geht vielmehr darum, dass – systemisch gesehen – kein Vertrauen aufgebaut oder wiederhergestellt werden kann, wo keine verantwortlichen Instanzen in Sicht sind, die Konsequenzen ziehen, also Verantwortung auf sich nehmen würden, selbst dann, wenn sie im ursächlichen Sinn gar nicht »schuldig« sind. Heinz Bude (2011, S.18) hat das so formuliert: »Die Leute wollen nach dem Zusammenbruch der liberalen wie der kapitalistischen Utopie nicht mehr nur auf Märkte verwiesen werden, sie wollen vielmehr den Eindruck haben, dass es eine Instanz gibt, die sich auf intelligente Weise für das Ganze verantwortlich erklärt.« Anders gesagt: Die übliche Flucht in die Ausrede, »irgendwie« seien alle schuld – von den bösen Bankern, die ihre gierigen Kunden bedient hätten, bis hin zu den unfähigen Politikern, die Staatsschulden anhäufen, um den verwöhnten Wählern immer neue Sozialstaatswohltaten zu versprechen etc. – führt in eine Sackgasse. Zum ersten erscheint mir diese Ausrede falsch in der Sache. Zweitens und vor allem: Sie löst nicht das Problem, vor dem wir stehen, nämlich eine Vertrauenskrise zu bekämpfen, die zur Systemkrise werden könnte.

Die unvermeidliche erste Instanz, die angesprochen werden muss, wenn Vertrauen wieder hergestellt werden soll, sind Menschen, Einzelne. Selbst der Systemtheoretiker Luhmann kommt nicht um die Einsicht herum, dass »auf dem Boden der alltäglichen

Weltvertrautheit [...] Vertrauen zunächst personales«
ist (Luhmann 2009, S.27). Das fängt bei dem Kun-
denberater am Bankschalter an und führt bis an die
Spitze der Regierung. Wir alle haben noch das Bild
im Gedächtnis, als Bundeskanzlerin Merkel und Finanzminister Steinbrück am 5. Oktober 2008 vor die
Fernsehkameras traten, um den Bürgern zu ver-
sichern, dass ihr Geld auf den Bankkonten sicher sei.
Das war der Moment, in dem »die Politik« eine Verantwortung übernahm, die ihr im Grunde gar nicht
zukommt. Doch dieses Sich-selbst-für-verantwort-
lich-Erklären hat, nach Auskunft der betroffenen Politiker wie der Banken, das Vertrauen in der Bevölkerung wiederhergestellt und damit eine unmittelbar
bevorstehende »Kernschmelze« des Finanzsystems
verhindert.

Um keinem Missverständnis aufzusitzen: Ich be-
haupte keineswegs, dass die gegenwärtige Banken-,
Finanz- und Staatsschuldenkrise allein durch eine
Wiedererweckung persönlicher Moral zu lösen sei,
etwa in der Weise, dass alle Akteure zu ihrer Verantwortung stehen oder zur Verantwortung gezogen
werden. Natürlich hat diese Gesamtkrise komplexe
Ursachen, manche davon sind hochtechnischer Natur – die Debatten über »toxische« Finanzprodukte
und neue Notwendigkeiten zur Regulierung des Ban-
kensektors sprechen für sich. Doch ich beharre darauf: Irgendjemand muss die Verbriefung und Streu-
ung von schlechten Hypothekarkrediten entwickelt
haben, und sei es auch in der guten Absicht, Risiken

zu mindern, indem man sie auf mehr Schultern verteilt. Und irgendjemand muss die famosen »credit default swaps« so weiterentwickelt haben, dass Gläubiger einen Anreiz bekommen, auf den Bankrott ihres Schuldners zu wetten. Schließlich: Irgendjemand muss diese Finanzprodukte entweder geprüft haben (die Rolle der Rating-Agenturen erscheint mir dabei besonders zweifelhaft) oder ungeprüft, also ohne dass ihr Inhalt und dessen Problematik verstanden worden wäre, zum Verkauf freigegeben haben. Keine Verantwortung, nirgends?

Es gilt ein Spruch, der angeblich von Ludwig Erhard stammt: Wirtschaftspolitik sei zur Hälfte Psychologie. Wenn das stimmt, trifft es auch für Krisenmanagement zu. Die Lösung von technischen oder regulatorischen Problemen des Finanzsystems sollte jedenfalls nicht verdecken, dass das Wegducken vor Verantwortung dazu beigetragen hat, dass das Vertrauen der Öffentlichkeit in die Banken, in das Finanzsystem und schließlich in die Politik nachhaltig erschüttert wurde. Dass nun – etwa in Gestalt der »Occupy«-Bewegung oder bei den Protesten gegen Sparmaßnahmen in Griechenland oder anderswo – alle Schuld bei den Banken abgeladen wird, mag teilweise ungerecht sein; aber es ist zumindest verständlich, weil hier hochbezahlte Spezialisten, um im Jargon zu sprechen, ihren Job miserabel ausgeführt haben und keiner dafür die Verantwortung übernehmen will oder muss. Dieser Protest richtet sich insbesondere in den Krisenländern inzwischen auch gegen Regierungen, die nun die Kohlen aus dem Feuer holen sollen. Wohlgemerkt: Auch die Politik ist – siehe Staatsschulden – nicht freizusprechen von Schuld. Aber Politiker können in der Demokratie durch Wahlen zur Verantwortung gezogen werden. Schlüge der Vertrauensverlust am Ende über der Demokratie zusammen, wäre letztlich selbst ein Systemabsturz nicht mehr auszuschließen.

Das Wichtigste sei Glaubwürdigkeit, hat Erhard Eppler einmal gesagt oder geschrieben, ein Politiker, der auch aus dem deutschen Südwesten kommt, allerdings einer anderen Partei angehört als Wolfgang Schäuble. Dass ich dem, was jemand sagt, auch glauben kann, dürfte in der Tat die zentrale Voraussetzung dafür sein, dass ich Vertrauen zu ihm fasse. Mit der Wahrheit in der Politik ist das allerdings so eine Sache. Realistischerweise lässt sich nicht verlangen, dass ein Politiker alles sagt, was er weiß. Das weiß auch jedermann. Verlangt wird deshalb in aller Regel nur, dass ein Politiker, der nicht die ganze oder reine Wahrheit sagen kann, die Wähler und Bürger wenigstens nicht anlügt.

Es gibt noch eine andere Glaubwürdigkeitsressource, die Vertrauen stiftet. Das ist die »Beglaubigung« des Charakters durch den Lebensweg, den ein Politiker gegangen ist. Wolfgang Schäuble ist dafür ein herausragendes Beispiel. Wenn man mangels besserer Indikatoren die Popularitätshitparaden, die regelmäßig veröffentlicht werden, auch als ein Indiz für das Vertrauen nehmen kann, das das Publikum einem Politiker entgegenbringt, dann ist er einer der wenigen, die sich da über Jahrzehnte in der Spitzengruppe gehalten haben, in verschiedenen Ämtern und Funktionen. Auf allen Posten hat Schäuble nie den Eindruck erweckt, er lebe »von der Politik«, sondern eine Leidenschaft der Sachlichkeit an den Tag gelegt, die die meisten davon überzeugt hat, dass hier einer »für die Politik« lebt. Und für die Politik zu leben, bedeutet im Letzten nichts anderes als die unabschließbare Suche nach einem »bonum comune«, das immer umstritten bleibt, weil es auch den Veränderungen der Zeitläufte ausgesetzt ist. Dennoch danach zu streben, nach bestem Wissen und Gewissen, ist trotz mancher Winkelzüge, die im Alltagsgeschäft unvermeidlich sind, die eigentliche Aufgabe der Politik. Und es ist der tiefste ethische Grund, in dem Verantwortung verankert ist.

Zitierte Literatur

Bude, Heinz: Grundformen des Vertrauens aus soziologischer Perspektive. In: Herbert Quandt-Stiftung (Hrsg.): Vertrauen und das soziale Kapital unserer Gesellschaft. Freiburg, Basel, Wien 2011.

Girard, René: Der Sündenbock. Zürich 1988.

Hennis, Wilhelm: Amtsgedanke und Demokratiebegriff, in ders.: Politikwissenschaft und politisches Denken. Tübingen 2000.

Luhmann, Niklas: Vertrauen. Ein Mechanismus der Reduktion von Komplexität. Stuttgart (4) 2000.

Maurer, Reinhart: Revolution und ›Kehre‹. Studien zum Problem gesellschaftlicher Naturbeherrschung. Frankfurt 1975.

Nida-Rümelin, Julian: Verantwortung. Leipzig 2011.

Spaemann, Robert: Nebenwirkungen als moralisches Problem, in ders.: Zur Kritik der politischen Utopie. Zehn Kapitel politischer Philosophie. Stuttgart 1977.

Lob der repräsentativen Demokratie.

Warum es gut ist, dass das Volk nicht herrscht, und warum es schlecht ist, dass dafür so wenig geworben wird.

Von Thomas Schmid

Im März 2011 war der Berliner Schriftsteller Ingo Schulze nach Portugal eingeladen, in der Hafenstadt Porto stellte er eines seiner Bücher vor, das gerade ins Portugiesische übersetzt worden war. Wie so oft bei Lesungen dieser Art ging die anschließende Diskussion ins Politische – und schnell war es mit dem Frieden vorbei. Schulze erzählt: »Eine Frage aus dem Publikum ließ die gesamte freundlich-interessierte Atmosphäre von einem Moment auf den anderen kippen. Plötzlich waren wir Deutsche und Portugiesen, die sich feindlich gegenübersaßen. Die Frage war unschön – ob wir, gemeint war ich, ein Deutscher, nicht jetzt mit dem Euro schafften, was wir damals mit unseren Panzern nicht geschafft hätten. Niemand aus dem Publikum widersprach.« Der Autor reagierte auf ihm heute unerklärliche Weise als empörter Deutscher – niemand werde doch gezwungen, einen Mercedes zu kaufen, und überhaupt: Die Portugiesen sollten doch froh sein, wenn sie Kredite bekommen, die billiger als Privatkredite seien.

Im schreibenden Rückblick ist das Ingo Schulze ungemein peinlich, und er führt die Episode als Beispiel dafür an, wie sehr das Europa der Märkte, der Ratingagenturen und der Finanzkrise die Bürger des Kontinents auseinandergetrieben und zu bloßen Objekten der Politik gemacht hätten. Ingo Schulze, 1962 in Dresden geboren, hat mehrere Romane – unter anderem »Simple Storys. Ein Roman aus der ostdeutschen Provinz« (1998) und »Adam und Evelyn« (2008) – geschrieben, in denen er sich als äußerst aufmerksamer Beobachter der Zeitläufte mit einem guten Gespür für Feinheiten und Zwischentöne erwiesen hat. In dem genannten Artikel, im Januar 2012 erschienen, ist davon freilich nichts zu spüren. Der Autor ist in hohem Maße erbost, nicht nur über sein Verhalten in Porto, sondern vor allem über die in seinen Augen unerträgliche Aushöhlung, ja Zerstörung der Demokratie in Deutschland. Furios wie verzweifelt schreibt er: »Seit etwa drei Jahren habe ich keinen Artikel mehr geschrieben, denn ich weiß nicht mehr, was ich noch schreiben soll. Es ist alles so offensichtlich: die Abschaffung der Demokratie, die zunehmende soziale und ökonomische Polarisation in Arm und Reich, der Ruin des Sozialstaates, die Privatisierung und damit Ökonomisierung aller Lebensbereiche (der Bildung, des Gesundheitswesens, des öffentlichen Verkehrssystems usw.), die Blindheit für den Rechtsextremismus, das Geschwafel der Medien, die pausenlos reden, um über die eigentlichen Probleme nicht sprechen zu müssen, die offene und verdeckte

Zensur (mal als direkte Ablehnung, mal in Form von ›Quote‹ und ›Format‹) und, und, und ...«

Ich nehme das nicht als auch nur annäherungsweise zutreffende Beschreibung deutscher Wirklichkeit, sondern als ein Symptom, als Beleg für eine Tendenz, die weit verbreitet ist. Die Überzeugung, dass mit unserer Demokratie etwas nicht stimme oder von Demokratie gar keine Rede mehr sein könne, nimmt merklich zu, wenn auch nur in – freilich aktiven und lautstarken – Minderheiten. Diese Überzeugung kommt oft in einem »linken« Gewande daher, was manchen zu der Ansicht bringt, hier sei noch einmal der alte und stumpfe Antikapitalismus des vergangenen Jahrhunderts am Werk. Das mag sein. Doch selbst dann stellt sich die Frage, wie solch ein Kostüm, das doch spätestens 1989 für die historische Mottenkiste bestimmt zu sein schien, bei einem Teil der Öffentlichkeit heute wieder modisch werden konnte. Handelt es sich um einen Endausläufer der klassischen Kapitalismuskritik oder ist hier etwas Neues am Werk? Die Antwort wird nicht in einem Entweder-oder bestehen können. Es trifft wohl beides zu. Noch immer ist es so einfach wie naheliegend, Missstände und Probleme »dem Kapital« anzulasten. Doch das populäre Unbehagen am Zustand der Demokratie, das nicht nur in den Kreisen der kritischen Kritiker verbreitet ist, hat auch neuere Ursachen. Sie sind beunruhigender als die Gespenster von gestern. Von diesen neuen Zweifeln an der Demokratie soll daher im Folgenden die Rede sein. Woher kommen sie? Haben sie eine Substanz, über die nachzudenken lohnt?

Nichts versteht sich von selbst. Auch wenn unsere Gesellschaft wohlgeordnet ist und das Gefüge der Institutionen – bei allem gelegentlichen Knirschen – gut funktioniert; auch wenn die Demokratie in Deutschland eine Zustimmung und Unterstützung erfährt wie nie zuvor in der deutschen Geschichte; auch wenn den Deutschen die Neigung zu einer aus Kleinmut kommenden Großmannssucht abhanden gekommen ist: Selbstverständlich ist das alles nicht. Die (Bundes-)Deutschen bekamen vor Jahrzehnten das Haus der Demokratie geliefert, nach einigem Zögern und Fremdeln haben sie es dann auch bezogen. Das hatte nicht zuletzt damit zu tun, dass diese neue deutsche Demokratie ein wirtschaftlich überaus erfolgreiches Unternehmen wurde, das den Deutschen einen zuvor undenkbaren Wohlstand bescherte. Es hat aber auch damit zu tun, dass die demokratische Erzählung eine so schöne Erzählung ist – fast so schön und rund wie ein Märchen. Die Erzählung geht, in unterschiedlichen Ausprägungen, etwa so: Demokratie heißt Herrschaft des Volkes. Durch sie ist gesichert, dass ein Regieren am Volk vorbei oder gar gegen das Volk unmöglich ist – denn dieses verfügt ja über das verbriefte Recht, zu wählen und die ihm genehme Regierung ins Amt zu bringen. Jede Stimme zählt in der Demokratie, und im Prinzip hat jede bzw. jeder den Marschallstab, oder genauer: die Ernennungsurkunde zur Bundeskanzlerin bzw. zum

Bundeskanzler im Tornister. Zwar, so weiter in der Erzählung, ist die Demokratie keine vollkommene Regierungsform, wohl aber die bestmögliche aller unvollkommenen. Auch wenn das schwierig und mühsam ist, wer will, kann eine Partei gründen und sich in den Wettbewerb um die Macht begeben. Um eine Macht, die immer Macht auf Zeit ist und deren Ergebnisse daher für die Kommenden im Prinzip immer revidierbar sind. Demokratie kennt keine absolute Macht, sie teilt die Macht stets, mit checks and balances sorgt sie für Ausgleich zwischen den Gewalten und verhindert systematisch Machtkonzentration einer Institution oder eines Verfassungsorgans auf Kosten anderer. Demokratie basiert auf dem Gespräch und fördert das Gespräch, den Dialog, auch den Streit: Konflikte werden hier friedlich und dialogisch ausgetragen, der Demokratie geht der Geist des Extremismus, des Alles oder nichts ab, sie lebt von der Vermittlung von Interessen. Und nicht zuletzt: Die Demokratie entwickelt eine erstaunliche Zähmungs- und Bindungskraft – was etwa die Grünen erleben durften, die in ihrer Mehrheit als Antiparlamentarier in die Parlamente kamen, sich dann aber schnell vom Segen und den Vorteilen des Parlamentarismus überzeugen ließen.

Dieses Modell klingt so überzeugend, dass man sich auf den ersten Blick gar nicht vorstellen kann, es könnte angefeindet werden oder bedroht sein. Doch wie gesagt, nichts ist selbstverständlich. Demokratie ist schon deswegen bedroht, weil sie so unwahrscheinlich ist. Auch wenn es – nach 1945 und noch einmal schwungvoll nach 1989 – so etwas wie einen recht weltweiten Siegeszug der Demokratie gegeben hat, sollte man nicht vergessen, dass sie allenfalls eine Sekunde in der Geschichte der Menschheit ausmacht. Und nichts spricht dafür, dass das Zeitalter der Autokratien für immer vorbei ist – nicht nur die »Volksrepublik China« zeigt zumindest bis auf Weiteres, dass man auch ohne Demokratie vorankommen und Länder modernisieren kann. Die Demokratie ist der langen Tradition der Despotie abgerungen und sie hat in einem glücklichen historischen Moment ihren Lauf genommen. Gerade ihre Fragilität macht sie aber immer wieder anfällig für Anfeindungen aus autoritären und autokratischen Ecken. Vor diesem Hintergrund muss man es fast als ein Wunder ansehen, dass in großen und immer größer werdenden Teilen der Welt die Demokratie nach wie vor als erstrebens- und lebenswert gilt und die Mehrheit der Bürger in ihr die selbstverständlichste Sache der Welt sieht.

Es gibt heute in Deutschland gottlob keine ernst zu nehmende politische oder publizistische Kraft, die der Demokratie übel, sie gar abschaffen will. Obwohl es das traditionslinke Gerede von der Demokratie zerstörenden und Demokratie verhindernden Macht des Kapitals, der Finanzmärkte, der Unternehmer gibt, ist das Vertrauen in die politische Verfasstheit dieser Republik noch immer sehr groß. Hierher droht der Demokratie keine Gefahr. Nirgendwo sammeln sich

Truppen, die – wie einst tatsächlich die Nationalsozialisten und einst virtuell die Kommunisten – die deutsche Demokratie zerschlagen wollten. Und doch lauern Gefahren für unsere Demokratie. Sie kommen nicht von außen, es geht nicht um Angriffe. Sie kommen von innen. Im Grunde geht es um ganz einfache Fragen: Wird die Demokratie ihrem Anspruch noch gerecht? Passt die alte demokratische Ur-Erzählung noch zu dem, was heute in großen und komplexen demokratischen Gesellschaften geschieht? Oder erzählen wir uns die demokratische Story nur noch, um wie Kinder im Walde zu pfeifen?

Die Demokratie kommt bekanntlich (zumindest zum Teil) aus Griechenland, Athens Stern steht noch immer über uns. Er wird gerne in Sonntagsreden bemüht, wochentags leuchtet er jedoch nur selten, man will ja nicht als naiv gelten. Kurz bevor er erster grüner Ministerpräsident in Deutschland wurde, wagte es Winfried Kretschmann, sich diesem Verdacht der Naivität auszusetzen. Mit all der simplen Wucht, zu der er fähig ist, sagte er auf die Frage nach seinen politisch-philosophischen Leitsternen und damit zum Ziel seines politischen Handelns: »Im Grunde wurzelt mein politisches Denken in der antiken Polis.« Man kann sicher sein, derart Vollmundiges und zugleich Ungeschütztes käme einer Angela Merkel so wenig über die Lippen wie Sigmar Gabriel, und auch Wolfgang Schäuble würde dem großen Satz mindestens einen kleinen ironischen Widerhaken verpassen. Kretschmanns Satz hat aber den Vorteil, dass er einen uralten – und womöglich nicht mehr tragfähigen – Ur-Gedanken der Demokratie klar und deutlich und ohne jeden Abstrich formuliert. Politik kommt aus der Polis, und in der Polis sind alle freien Bürger versammelt, um gemeinsam nach bestem Wissen und Gewissen für das Beste des Gemeinwesens zu streiten. Die Polis als ein immerwährendes Fest des frei sich entfaltenden Bürgerwillens.

Dass davon heute in Deutschland keine Rede sein kann, ist offensichtlich. In der liberal-konservativen Tradition des politischen Denkens hat man darin kein großes Malheur sehen können. Hier ging man immer davon aus, dass auch eine demokratische Gesellschaft von Eliten geprägt und geführt ist. Der demokratische Mechanismus hat in dieser Denkschule nur eine funktionale Bedeutung: Er vermittelt dem Volk den Eindruck, es handele in erster Person. Volksherrschaft in diesem Sinne ist für Konservative in der Regel eine Schreckensvorstellung. Allenfalls sind sie bereit, den volksherrschaftlichen Zug der Demokratie als eine Art politischer Folklore zu akzeptieren, die dem letztlich doch fremdgeleiteten Souverän die Illusion vermittelt, er zähle, er sei der Ausgangspunkt aller politischen Entscheidungen. Wenn man will, der Glaube an die Demokratie als Sedativ, als probates und vielleicht notwendiges Mittel, das Volk zu zähmen und zur Zustimmung zu bringen. Doch auch in der eher linksfortschrittlichen Tradition des politischen Denkens glaubt man nicht daran, dass die alte Idee der Polis heute noch tragfähig sei. Anders als bei den Konservativen herrscht hier aber eine gewisse Trauer darüber vor, dass das Ideal der ganz bürgerbestimmten Polis verblasst und in weite Ferne gerückt ist. Dass es dazu kommen konnte, wird hier nicht dem Souverän angelastet. Er gilt – ein wenig in rousseauistischer Tradition – als ein Wesen, dem es im Prinzip nach politischer Teilhabe und danach dürstet, ganz und gar selbst Herr seiner Verhältnisse zu werden. Nicht an ihm liegt das Scheitern der Polis, sondern an starken Mächten, die mit Demokratie nichts im Sinn haben, die ihre Interessen rücksichtslos durchsetzen und denen jeder Respekt vor dem feinen Räderwerk der Bürgergesellschaft fehlt. Meist heißt es dann, Wirtschaft, Markt und die großen Unternehmen seien so übermächtig, dass mit den harmlosen Waffen demokratischer Willensbildung dagegen nicht anzukommen sei. Colin Crouchs Theorie von der »Postdemokratie« geht exemplarisch in diese Richtung – wenngleich er nicht so naiv ist, diesen Umstand einem »bösen« Willen anzulasten. Crouch sieht den Grund dafür in dem zunehmenden und kaum zu bremsenden Einfluss privilegierter Eliten, die in Wahrheit herrschen. Die Institutionen der Demokratie bestünden noch, aber sie seien in ihrer Funktion ausgehöhlt. Unsere Demokratie ist, sagt Crouch nicht ohne Melancholie, eine Scheindemokratie.

Man muss dieses Argument nur seiner antikapitalistischen Stoßrichtung entkleiden, um zu einem ganz zentralen Problem vorzustoßen. Uns kommt in der Tat die Polis, das kleine Gemeinwesen in den Sinn, wenn wir an die Funktionsweise der Demokratie denken. Das sieht etwa so aus: Bürger tun sich zusammen, bilden Meinungsgruppen und Parteien, diese transportieren den Bürgerwillen, der in reiner Form im Regierungshandeln zum Ausdruck kommt. Obwohl wir in einer höchst komplexen, unübersichtlichen Gesellschaft leben, die offensichtlich kein Steuerungszentrum hat, halten wir an dieser schönen alten Puppenstubenversion von Demokratie fest. Geistig leben wir in der demokratischen Urzeit. Damit kein Missverständnis aufkommt: Diese Vision von Demokratie ist schön und gut und sie hat etwas Begeisterndes, sie ist eine Folie, auf die zu verzichten gewiss unklug wäre. Aber sie bildet im Traum nicht (mehr) ab, wie unsere Demokratie tagtäglich funktioniert. Was uns, trotz oder auch wegen Luhmann fehlt, sind ein Bild und eine Theorie, die in der Lage wären, die komplexen und rückkopplungsreichen Wege abzubilden, die der Volkswille in modernen Gesellschaften nimmt.

Dazu mag es sinnvoll sein, noch einmal auf die Theorie der Demokratie zurückzukommen. Demokratie heißt zwar Volksherrschaft, sie ist aber keine Volksherrschaft. Das Volk regiert *nicht*. Der Politikwissenschaftler Ernst Fraenkel wurde nicht müde, diese Tatsache herauszuarbeiten. Sein Motiv dafür war ein eminent existenzielles. Als einer, der vor den Nationalsozialisten aus Deutschland fliehen musste, blickte er höchst skeptisch und kritisch auf das Denken Rousseaus. Der reine Volkswille, wie er sich auch

in den Jakobinern der Französischen Revolution aus-
drückte, war ihm ein Schrecken. Mehr noch: Er be-
stritt, dass es so etwas wie einen politischen Volkswillen im Roh- oder Naturzustand gibt. Dieser Wille ist
vielmehr vorpolitisch, und er bricht sich gerne mit
Gewalt Bahn. Nicht der Klugheit, sondern dem Res-
sentiment ist er verpflichtet. Der Traum von der
Güte und Vollkommenheit des Volkes, den ein Teil
der Aufklärung geträumt hat, war ihm ein Albtraum.
Das Dogma von der Unfehlbarkeit des Volkes hielt
Fraenkel für höchst gefährlich, es habe sich längst gezeigt, »dass dieser Glaube zwar Berge zu versetzen,
aber Fluten nicht einzudämmen vermag«, wie er in
»Deutschland und die westlichen Demokratien«
(1964) schrieb. Hier wird sein Kernanliegen schon
deutlich: Demokratie soll dem Volk nicht zum unmittelbaren Ausdruck verhelfen, sie soll vielmehr kanali-
sieren, eindämmen, vermitteln und dem Volkswillen
das ihm innewohnende Rabiate nehmen. Es gehört
zu den Untiefen des politischen Denkens, dass diese
Position zumeist als eine schwache, als bestenfalls
zweitbeste gilt – nah der Devise: unmittelbar wäre
besser. Dem Vermittelten hängt das Etikett des Resig-
nativen, des schlechten Kompromisses an. Fraenkel:
»Der Umstand, dass im deutschen politischen Denken der Gedanke der Repräsentation nicht tiefere
Wurzeln geschlagen hat, ist eine Erscheinungsform
der Tragödie des deutschen Liberalismus.«

Demokratie ist nicht Volksherrschaft, sondern ein
komplexes Verfahren, in dem auf dem Wege der Re-

präsentation aus der – wenn man so will – Rohmasse des Volkswillens Entscheidungen geformt werden, die dem Gemeinwesen frommen. Fraenkel: »Wenn ein Volk im Einklang mit seinem wahren Interesse regiert werden soll, bedarf es eines Mittlers, der ihm Zugang zur Erkenntnis des Gemeinwohls ermöglicht; nur als repräsentiertes Volk weiß ein Volk, was es will.« Dagegen gab es, nicht nur, aber ganz besonders in Deutschland, stets starke Vorbehalte. Und es ist nie wirklich gelungen, die Schönheit und Trefflichkeit dieser Idee von Demokratie zum Allgemeingut zu machen. Repräsentation ist nicht der zweitbeste, sondern der bessere Weg. Diese Überzeugung setzte sich auch deswegen nicht durch, weil für sie in der Geschichte der Bundesrepublik nicht konsequent und leidenschaftlich geworben worden ist. Als nach dem Ende der Nazi-Herrschaft das Haus der deutschen Demokratie als Importgut errichtet wurde, sah das in ihm agierende politische Personal lange Zeit keinen Grund, dem Volk das Faszinosum dieses Modells zu vermitteln. Das hatte vielerlei Gründe. Es fehlte, mitten im Aufbau, die Zeit dafür; die politischen Begründer der Republik waren zumeist nicht eben diskursfreudig; und es gab in den ersten Jahren wenig Grund zu der Annahme, diesem deutschen Volk stehe der Sinn nach Demokratie. Hinzu kam die damals verbreitete Überzeugung, die Demokratie sei eine Effizienzveranstaltung, die – als Teil der modernen technikbeherrschten Gesellschaft – eigenen Gesetzen folge, die nicht zu beeinflussen sind. In diesem Sinne galt Demokratie als Vollzug von Sachzwängen – für das Arbiträre, das das Wesen von Politik ausmacht, war da kein Platz. In gewisser Weise war die frühe bundesdeutsche Demokratie eine Basta-Demokratie.

Und später dann tat es dem Gedanken der Repräsentation nicht gut, dass die bundesdeutsche Demokratie im Zuge ihrer Inbesitznahme »von unten« schnell als defizitäre Veranstaltung hingestellt wurde. Noch bevor sich wirklich herumgesprochen hatte, welch ein Juwel die repräsentative Demokratie ist, galt sie als Mangelwesen. Als Willy Brandt – ganz zu recht – mehr Demokratie wagen wollte, war dieser Unterton in der öffentlichen Rede über die Verbesserung des Gemeinwesens enthalten. Er stellte nicht nur, aber auch ein Echo auf den Aufbruch von 1968 dar. Dieser hat zwar zur Festigung und Stärkung der Demokratie beigetragen, aber eher auf paradoxe Weise: Die Demokratie lernte es, mit fundamentaler Kritik an ihr produktiv und letztlich gelassen umzugehen. Seit dieser Zeit aber ist die Klage darüber nicht mehr verstummt, dass unsere Demokratie zu konstruiert sei, dass sie sich dem Volk gegenüber abschließe, dass sie sich – angeblich aus Angst vor dem Souverän – in die Wagenburg der Repräsentation zurückgezogen habe und den guten Weg in die direktere Demokratie unterbinde. Noch immer sind wir über Rousseau und den Glauben nicht hinausgekommen, alle möglichen Unbilden hätten ihren Grund darin, dass das Volk nicht authentisch und direkt sprechen und entscheiden dürfe. Bisher letztes Beispiel dafür waren die Auseinandersetzungen um »Stuttgart 21«. In geradezu klassischer Form setzte sich wieder einmal die alte Frontstellung durch: hier eine verblendete Machtmaschine, die etwas Monströses, Unsinniges und dem Bürgersinn Widerstrebendes rücksichtslos durchsetze – und dort das Volk mit Sinn für Maß, Tradition, gutes Leben und Schutz der Natur. Das Volk, als Träger einer besonderen Weisheit, weiß es besser. Umso hübscher ist übrigens die Pointe, dass eben dieses Volk in der Volksabstimmung vom November 2011 nicht gegen, sondern für die Verlagerung des Stuttgarter Bahnhofs unter die Erde plädierte – vielleicht ein gar nicht so kleiner Hinweis darauf, dass es inzwischen eine Mehrheit gibt, die sich von der Unmittelbarkeitsemphase der Direktdemokraten nicht mehr umstandslos mitreißen lässt.

Die Demokratie ist nicht selbstverständlich, und sie ist in dem Sinne nicht mehr ganz unbestritten, als das unbestimmte Gefühl zunimmt, es stimme nicht mehr ganz mit unserer Demokratie, sie funktioniere nicht mehr optimal. Ein Heilmittel, das viele zum Kurieren dieser Malaise der Demokratie empfehlen ist ganz schlicht: mehr Demokratie, ganz so, als könne der Bürger nie genug davon bekommen. Verweist man dann auf die Komplexität der modernen Gesellschaft, die es einfach nicht zulasse, dass jede und jeder über alles entscheidet, dann wird einem von den Verfechtern der direkten Demokratie gerne entgegengehalten, dass das Internet und die modernen Kommunikations- und Informationsmedien zu einer rasanten Ermächtigung der Bürger geführt habe. Längst seien sie in der Lage, sich über jedwedes sie betreffende Problem ein Fachwissen zu beschaffen, das es ihnen ermögliche, mit allen Fachleuten »auf Augenhöhe« zu reden und zu verhandeln. Das trifft in der Tat zu – auch wenn es vermutlich nicht die volksmobilisierende Kraft entwickeln wird, die sich die Freunde der direkten Demokratie erhoffen. Denn es wird nicht so weit kommen, dass die neuen Medien die Bürger in Alleskenner und Allesentscheider verwandeln. Auch mit dem Internet bleiben etwa weitreichende Infrastrukturfragen so komplex, dass sie vom Logenplatz der Basis aus nicht unbedingt voll erfasst werden können. Die Idee, die modernsten Technologien würden das Wegdelegieren überflüssig machen, überzeugt nicht.

Auch deswegen nicht, weil – und das ist der stärkere Einwand – die übergroße Mehrheit der Bürger auch gar nicht über alles entscheiden *will*. Von Anfang an hatte die arbeitsteilige Gesellschaft auch den Vorzug, dass sie entlastet. Jeder muss nicht mehr alles machen, auch nicht mehr alles verantworten. Er muss und kann, wenn es gut kommt, sich darauf verlassen, dass die öffentlichen Angelegenheiten gut bearbeitet und erledigt werden. Es ist schon so oft gesagt worden, dass der normale Bürger einfach nicht genügend Zeit habe, um sich umfassend in das öffentliche Geschehen einzumischen. Er will eine Gesellschaft, die so verfasst ist, dass er sich ruhigen Gewissens darauf verlassen kann, dass die Entscheidungen, die zu treffen sind, in guten Händen liegen. Ohne Rückkehr in einer Gesellschaft, die zumindest leichte Züge der Erziehungsdiktatur trägt, lässt sich der Souverän nicht rund um die Uhr auf Trab bringen. Das ist kein Defizit der Demokratie, sondern einer ihrer Vorzüge. Auch aus Gründen der Entlastung der vielfach belasteten Bürger ist die direkte Demokratie kein Allheilmittel gegen das ungewisse Gefühl vieler, es stimme etwas nicht im Staate und mit seiner Verfasstheit. Nicht, dass es nicht sinnvoll und notwendig wäre, Entscheidungsprozesse transparenter zu gestalten, die zu solch weitreichenden Entscheidungen wie im Falle von »Stuttgart 21« führen. Nicht, dass es nicht klug wäre, die Wünsche, Kritiken und Vorschläge von Betroffenen und ganz allgemein der Bürger bei Entscheidungsprozessen hervorzulocken, zu bedenken und zu berücksichtigen. Man soll sich nur nicht der Illusion hingeben, das würde dem leisen Unbehagen gegenüber dem Zustand der Demokratie ein Ende machen.

Denn diesem Unbehagen liegt ein Problem zugrunde, das nicht oder kaum zu lösen sein wird. Den Bürgern ist es in einem Staat wie dem deutschen, der die Gemeindegröße bekanntlich weit, weit überschritten hat, nicht möglich, die Demokratie als solche zu *fühlen*. Auch wenn die Mehrheit der Bürger das Wahlrecht noch immer mit einigem Ernst ausübt, wird es doch nur wenige Bürger geben, die aktiv und positiv das Gefühl haben, im Wahlakt Politik zu machen und zu gestalten. Der Wahlakt ist ein bedeutungsvoller, Demokratie bestätigender Akt – der Einzelne empfindet sein Wählen aber nur selten als bedeutungsvoll. Denn er ist einer von Millionen. Was mit seiner Stimme geschieht, in der Wahlnacht und in den Monaten und Jahren danach, das kann er dann als Zuschauer im Fernsehen verfolgen. Alle Versuche, die Parteien für den »Normalbürger« attraktiver zu machen, werden an diesem Dilemma nichts ändern können. Denn es ist nun einmal so, dass in der repräsentativen Demokratie Politik die Aufgabe eines dafür spezialisierten Personals ist. Der Wähler entscheidet zwar, er gibt beim Wählen aber auch seinen politischen Wunsch ab, er deponiert ihn. Und er ist, wenn er wählt, allein: Er weiß dann noch nicht, wie groß die Gesellschaft ist, in die er sich mit seinem Kreuz begibt. Und er wird nie erfahren, wer und wie die vielen Anderen sind, die – zweifelnd wie er – seine Entscheidung teilen. Und schon gar nicht wird er je erfahren, ob die, die stimmten wie er, damit auch das meinten, was er meint. Dieser Wähler mag fortan das politische Geschehen mit Aufmerksamkeit verfolgen, er mag bestimmten politischen Akteuren leidenschaftliche Zuneigung oder Abneigung entgegenbringen – als Teil des politischen Geschehens kann er sich zwischen den Wahlterminen kaum wahrnehmen. Obwohl sich das politische Personal ständig auf ihn beruft, spürt er doch, dass er als der konkrete Herr XYZ nicht gemeint ist. Er macht daraus niemandem einen Vorwurf, es ist ja letztlich kein böser Wille im Spiel. Er weiß: Dass es so ist, hat viel mit Komplexität, Spezialisierung und damit zu tun, dass die Gesellschaft eben auch eine Massengesellschaft ist, die viele Ähnliche hervorbringt. Aus diesem modernen Schicksal gibt es kein Entkommen. Auch das weiß Herr XYZ, deswegen erwartet er auch gar nicht, dass sich daran substanziell etwas ändern könnte.

Was also tun? Es wird vielleicht nur einen Weg geben. Dass große Gesellschaften funktionieren; dass man Regierungen abwählen kann; dass Fehlentwicklungen graduell korrigiert werden können; dass die Institutionen des Staates – bei allem gelegentlichen Knirschen – letztlich ein funktionierendes Gesamt ergeben: Das kommt – bedenkt man das Zerstörungspotenzial, das die Moderne hervorgebracht hat – einem Wunder gleich. Wunder kann man nicht erklären. Aber man kann immer und immer wieder nachzuzeichnen versuchen, was dieses Gebilde am Laufen erhält. Die repräsentative Demokratie ist ein Schatz. Es sollte viel dafür getan werden, die Achtung für und den Stolz auf diesen Schatz beharrlich zu mehren. Dazu braucht es leidenschaftliche Staatsfreunde, die davor gefeit sind, die Demokratie für eine sichere Bank zu halten. Leider sind solche Staatsfreunde in den Parteien, den Regierungen, in den Medien und an den Schulen und Universitäten noch ziemlich dünn gesät.

Ich weiß wohl, dieser Rat ist nicht befriedigend, er stellt keine große Lösung in Aussicht. Freilich: Es gehört zu den Vorzügen der Demokratie, dass sie ohne den großen Big Bang auskommt.

Die deutsche Einheit, beschrieben für Koreaner

Von Richard Schröder

Nachdem wir zwanzig Jahre deutscher Einheit mit vielen beachtlichen Erinnerungsveranstaltungen in den Jahren 2009/10 gebührend gefeiert haben, ist das Interesse an diesem Thema in Deutschland erst einmal erschöpft. Man muss das nicht beklagen. Denn dass die Sorgen und Probleme, die uns heute bewegen, höchstens von ferne noch etwas mit der deutschen Einheit zu tun haben, besagt doch zugleich, dass die deutsche Einheit weitestgehend gelungen ist.

In der Republik Korea (Südkorea) dagegen wächst das Interesse an der deutschen Einheit, weil man an ihr lernen möchte, was bedacht werden muss, wenn einmal die koreanische Vereinigung auf die Tagesordnung gerät. Denn das jedenfalls konnte man von der deutschen Einigung lernen: für die allermeisten Deutschen kam sie sehr überraschend auf die Tagesordnung. In Südkorea möchte man nicht gern unvorbereitet von der Vereinigungschance überrascht werden und deshalb genau erkunden, was für Korea aus der deutschen Vereinigung gelernt werden kann.

Am 1. Oktober 2010 wurde deshalb vom Parlamentarischen Staatssekretär beim Bundesminister des Inneren und dem Stellvertretenden Minister für Vereinigungsfragen der Republik Korea, Chun Sig Kim, ein Memorandum of Understanding zur künftigen Konsultation in Wiedervereinigungsfragen unterzeichnet. Eine deutsch-koreanische Kommission zu Fragen der Wiedervereinigung soll jährlich tagen. Bei der ersten Tagung vom 16. bis 19. November 2011 in Seoul kam mir die Aufgabe des Eröffnungsreferats der deutschen Seite zu. Ich habe die Besonderheiten sowohl der deutschen Teilung als auch der deutschen Vereinigung möglichst genau zu beschreiben versucht, um dem Gedanken zu wehren, die deutsche Vereinigung sei ein Modell, das für Korea zur Nachahmung geeignet sei. Beim Vergleich zwischen der deutschen und der koreanischen Teilung überwiegen die Unterschiede die Gemeinsamkeiten ganz erheblich. Nur wenn das genau bedacht wird, können diese Konsultationen in Wiedervereinigungsfragen fruchtbar werden. Hier der Text meines Vortrags:

Voraussetzungen, Ergebnisse und Probleme des deutschen Wiedervereinigungsprozesses.

Lassen Sie mich zuerst von der *Teilung Deutschlands* berichten. Sie ist ja gewissermaßen die erste Voraussetzung der deutschen Wiedervereinigung.

I.

Die Einteilung Deutschlands in vier Besatzungszonen und der völlige Verlust der Souveränität war die Folge des Zweiten Weltkriegs, den Deutschland begonnen und zum Glück verloren hatte. Die Teilung Deutschlands in zwei Staaten aber war die Folge des Systemgegensatzes zwischen der kommunistischen Sowjetunion und den anderen drei Besatzungsmächten und des Kalten Krieges, beginnend mit der Blockade Westberlins durch die Sowjetunion 1948. Die Gründung der beiden deutschen Staaten stand formal noch unter dem Vorzeichen der deutschen Einheit, denn beide Verfassungen erklärten: es gibt nur eine deutsche Staatsbürgerschaft. Aber gerade aus dieser formalen Gemeinsamkeit erwuchs der denkbar schärfste Gegensatz, nämlich der Alleinvertretungsanspruch: jeweils so tun als gäbe es den anderen deutschen Staat gar nicht. Die DDR war nicht als sozialistischer Staat gegründet worden. Zunächst entstanden in allen Besatzungszonen dieselben Parteien. Bis zum Ende der DDR gab es auch dort eine CDU und eine liberaldemokratische Partei, die allerdings von der SED vollkommen beherrscht wurden. »Es muss demokratisch aussehen, aber wir müssen alles in der Hand haben«, hatte Walter Ulbricht erklärt, als er aus Moskau in die Sowjetische Besatzungszone kam. Daraus erklärt sich auch, dass der östliche Staat »Deutsche Demokratische Republik« genannt wurde und nicht »Deutsche sozialistische Republik« oder so ähnlich. Die Umgestaltung der DDR nach sowjetischem Vorbild begann erst 1950 mit dem Programm »Aufbau des Sozialismus«. Viele meinten damals, das sei Teil einer kommunistischen Globalstrategie, zu der auch der Koreakrieg gezählt wurde. Diese Umgestaltung ging einher mit massiven Repressionen gegen die Bevölkerung, namentlich auch gegen die Kirche, die eine gewaltige Fluchtbewegung auslöste. Die Sowjetunion zwang die DDR-Führung, diesen repressiven Kurs abzubrechen und da diese das nicht vollständig umsetzte, kam es am 17. Juni zum ersten Volksaufstand in einem sozialistischen Land. Bis zum Mauerbau am 13. August 1961 sind drei Millionen Menschen aus der DDR in den Westen geflüchtet, zumeist über Westberlin, weil sie in der DDR entweder verfolgt oder benachteiligt wurden, darunter viele Unternehmer mitsamt ihren Patenten, Ingenieure und Ärzte. Also: In den ersten zwölf Jahren konnte man die DDR noch ohne Lebensgefahr verlassen.

II.

Nun komme ich zu den *ermöglichenden Voraussetzungen* der deutschen Wiedervereinigung. Die beiden deutschen Staaten waren nie vollständig voneinander isoliert. Der Postverkehr und der Reiseverkehr von Westdeutschen nach Ostdeutschland war die ganze Zeit über nie unterbrochen. Die Einfuhr von Zeitungen war zwar strikt verboten. Aber bei so starkem

Einreiseverkehr fanden trotzdem viele Bücher Schlupflöcher. Und westdeutsche Rundfunk- und Fernsehsender durften in der DDR empfangen werden. Nur den SED-Genossen war das verboten. Jeden Abend also war das geteilte Deutschland beim Westfernsehen geeint. Die meisten DDR-Bürger kannten mehr West-Minister mit Namen als Ost-Minister.

Die Entspannungspolitik Willy Brandts, die von den Bundeskanzlern Helmut Schmidt und Helmut Kohl fortgesetzt wurde, konnte Härten der Teilung mildern. Ausreisen von DDR-Bürgern wurden möglich auf dem Wege der Familienzusammenführung, schließlich auch per Ausreiseantrag ohne familiären Hintergrund, und auf dem Wege des Freikaufs politischer Häftlinge. Ausreisewillige wurden zwar erheblich schikaniert, aber die SED-Führung war der Auffassung, wenn die Gegner und Kritiker des Sozialismus das Land verlassen, würden diejenigen zurückbleiben, die den Sozialismus bejahen. In Wahrheit war es umgekehrt. Jeder, dem die Ausreise genehmigt wurde, hinterließ Freunde und Verwandte, die sich fragten, ob nicht auch sie diesen Weg gehen sollten. Gelegenheit schafft Wünsche.

Die Entspannungspolitik hatte aber noch eine andere Wirkung, die die SED weit unterschätzt hat. Es gab nun Korrespondenten westlicher Medien in der DDR. Die konnten aus der DDR über die DDR berichten. Sie durchbrachen das Informationsmonopol der SED. Auf dem Umweg über die West-Medien wurde den DDR-Bürgern nun zum Beispiel bekannt, dass es in der DDR oppositionelle Gruppen unter dem Dach der Evangelischen Kirche gibt, aber auch der Zerfall der Innenstädte. Das Totschweigen funktionierte nicht mehr.

Zu den christlichen Kirchen in der DDR: 1950 waren 91,5 Prozent der DDR-Bürger Kirchenmitglieder, und zwar weit überwiegend evangelische. 1989 waren es noch ca. 25 Prozent. Die Evangelischen Kirchen bildeten bis 1968 einen gesamtdeutschen Verbund (EKD), der aber seit dem Mauerbau nicht mehr gemeinsam tagen konnte. 1968 bildete sich deshalb der Bund der Evangelischen Kirchen in der DDR. Es blieben aber die Partnerschaften zwischen östlichen und westlichen Landeskirchen und Kirchengemeinden bestehen. Wichtig war nun, dass die Kirche in der DDR ihre Pfarrer selbst bezahlte und eigene Ausbildungsstätten unterhielt, mit westdeutscher Unterstützung. In anderen sozialistischen Ländern wie der CSSR und Ungarn hat der Staat die Pfarrer bezahlt und die Predigterlaubnis erteilt oder entzogen. Da außerdem in der Entspannungspolitik der Umgang der SED mit den Kirchen in der DDR als Gradmesser des guten Willens galt, ist es seit den 60er Jahren nicht mehr zur Verhaftung von Pfarrern gekommen. Und das war einer der Gründe dafür, dass sich unter dem Dach der Evangelischen Kirchen oppositionelle Gruppen bilden konnten, die sich mit den Themen Abrüstung, Umweltschutz, Dritte Welt befassten, also mit Themen, die sich auch die SED auf ihre Fahnen schrieb und die nicht als staatsfeindlich abgestempelt waren wie die Themen Wiedervereinigung, freie Wahlen, Meinungsfreiheit. Diese Gruppen erfanden die Vernetzung als Schutz. Bei Verhaftungen wurde durch Fürbittgottesdienste Öffentlichkeit hergestellt. Von Friedensgebeten nahmen im Herbst '89 die meisten Demonstrationen ihren Ausgang. Die Demonstranten bekamen Hinweise für das Verhalten bei Festnahmen: den eigenen Namen rufen, damit niemand namenlos verschwindet, und das strikte Gebot: keine Gewalt, das von Ordnern auch gegen bestellte Provokateure durchgesetzt wurde. Nach dem Fall der Mauer waren es die christlichen Kirchen, die die Parteien der Alten Volkskammer und die oppositionellen Gruppen zum Runden Tisch einluden. Dort wurden die ersten Schritte für den Übergang zur Demokratie gegangen und die ersten freien Wahlen vorbereitet. Diese erste und einzige frei gewählte Volkskammer der DDR beschloss dann den Vertrag über die Wirtschafts-, Währungs- und Sozialunion, den Einigungsvertrag, den Beitritt und den Zwei-plus-vier-Vertrag, in dem die vier Siegermächte des Zweiten Weltkriegs und die beiden deutschen Staaten der Wiedervereinigung zustimmten.

Bisher erschien die Entspannungspolitik als Vorbereitung auf die deutsche Einheit, weil sie die Selbstisolierung der DDR und die Abschirmung der DDR-Bevölkerung gelockert hat – mit der Wirkung, dass Ostdeutsche zunehmend mit dem Gedanken der Ausreise spielten. Dies wurde verstärkt, als die SED-Führung sich ausdrücklich von Gorbatschows Kurs distanzierte. Deshalb kam es im Sommer '89 zu der Massenflucht erst über Ungarn, dann über die Prager Botschaft. Das alles galt für den Osten.

Im Westen dagegen hatte die Entspannungspolitik auch noch eine andere Wirkung. Diese Politik beruhte ja auf zwei Grundsätzen: Anerkennung des Status quo und »Wandel durch Annäherung«. Im Westen wirkte der erste Grundsatz viel stärker als der zweite. In der westlichen Öffentlichkeit erschien die Existenz zweier deutscher Staaten zunehmend als dauerhaft normal, die DDR als Ausland und die Wiedervereinigung als Illusion, wenn nicht gar als Revanchismus. Die DDR erschien vielen als ein politisch und wirtschaftlich stabiler Staat. Das alles galt natürlich nicht für diejenigen Westdeutschen, die regelmäßig Verwandte und Freunde in der DDR besuchten.

Am Vorabend der deutschen Wiedervereinigung ergab sich also folgendes Bild:

Die Verfassung der Bundesrepublik Deutschland verpflichtete in der Präambel auf die Wiedervereinigung, aber viele hielten das für einen alten Zopf, der abgeschnitten werden sollte. Sehr vielen Bundesbürgern war die Bundesrepublik genug Deutschland.

In der DDR hieß es offiziell, die Mauer werde noch hundert Jahre stehen, wenn das nötig sei. Aber die Bevölkerung schaute unentwegt nach drüben, und mit »drüben« war immer Westdeutschland gemeint, nicht Österreich. Dort zu leben oder wenigstens dorthin reisen zu können war vielen ein verwehrter Traum, der schmerzte.

So viel zu den Voraussetzungen des Wiedervereinigungsprozesses.

III.

Was den deutschen Wiedervereinigungsprozess selbst vor allem charakterisiert, ist wohl dreierlei.

1. Ihm ging eine *Revolution in der DDR* voraus. Unter Revolution verstehe ich hier das Ende eines Herrschaftssystems mitsamt seiner Legitimation. Die massenhafte fluchtartige Ausreise, die anschwellenden Demonstrationen, namentlich die Leipziger Montagsdemonstrationen, die öffentliche Gründung oppositioneller Gruppen, der Rücktritt Honeckers, der Runde Tisch, das alles bedeutete das Ende der SED-Herrschaft, deren »führende Rolle« Anfang Dezember 1989 aus der Verfassung gestrichen wurde. Die ersten freien Volkskammerwahlen am 18. März 1990 wurden de facto ein Votum für die Wiedervereinigung. Der lautstarke Wunsch nach der deutschen Einheit kam aus dem Osten.

Eine Wiedervereinigung ohne Revolution in der DDR hätte sich, wenn überhaupt, ganz anders vollziehen müssen, nämlich über konföderale Strukturen, also über einen Staatenbund. Wie so etwas hätte vonstattengehen können, darüber kann man nur Vermutungen anstellen. Jedenfalls aber hätte auch ein konföderaler Prozess nach und nach eine weitere Öffnung in der DDR erzwungen und das hätte Reformen zur Folge haben müssen. Da durfte man auf die heilsame Wirkung der Freiheit vertrauen. Wenn Menschen frei reden und denken dürfen, kommen sie zu realistischen Einsichten.

Der Gedanke einer deutsch-deutschen Konföderation hat auch bei einigen Funktionären der SED in der Endphase der DDR eine Rolle gespielt. Dem lag die schlichte Erkenntnis zugrunde, dass die Sowjetunion der DDR in ihrer Devisenfalle nicht helfen kann. Eine Umschuldung aber würde den Internationalen Währungsfond veranlassen, der DDR Vorschriften zu machen.

2. Die Mauer fiel am 9. November 1989 plötzlich, unerwartet und ungeplant aufgrund eines Regiefehlers in einer Pressekonferenz der neuen SED-Führung nach Honeckers Rücktritt. Die Begeisterung war grenzenlos und das häufigste Wort dieser Nacht war »Wahnsinn«.

Trotzdem hatte auch der Mauerfall eine Kehrseite. Alle Konzepte für einen langsamen und schonenden Übergang von der Planwirtschaft zur sozialen Marktwirtschaft, alle Stufenpläne für Reformen waren mit dieser Nacht obsolet, obwohl sie noch gar nicht entwickelt waren. Denn niemand wollte nach dem Mauerfall an der innerdeutschen Grenze wieder Kontrollen einführen. Das wäre ja auch Frevel an der Freiheit gewesen. Aber ohne Zollkontrollen kann es kein eigenständiges Wirtschafts- und Währungsgebiet geben. Damit war auch klar, dass nun die deutsche Einheit sehr schnell kommen musste. Sie kam in weniger als einem Jahr. Die ostdeutschen Demonstranten riefen nämlich: »Kommt die D-Mark, bleiben wir, kommt sie nicht, gehn wir zu ihr.« Sie forderten also eine schnelle Einführung der West-Mark. Andernfalls drohten sie mit einem Massenumzug nach Westen, der die westdeutschen Sozialsysteme gesprengt und die westliche Freude an der Einheit mächtig verdorben hätte. Aber zu welchem Kurs sollte die Währungsunion erfolgen? Da mussten erneut die Ökonomen den Politikern den Vortritt lassen. Der Kurs durfte die Ostdeutschen nicht empören und musste sie zum Bleiben veranlassen. Er lag schließlich zwischen 1:1 (Fließgrößen) und 1:2 (Schulden und Sparguthaben). Eine schlichte Rechnung: Die Einkommen in der DDR lagen, 1:1 gerechnet, bei 30 Prozent West, bei den Facharbeitern waren es 48 Prozent West. Hätte man diese Einkommen 1:2 auf 15 Prozent West umgestellt, hätten die meisten Ostdeutschen im Osten weniger verdient als sie im Westen Arbeitslosengeld bekommen hätten.

Ökonomisch war dieser Umtauschkurs aber ein schwerer Schlag für die DDR-Wirtschaft und brachte schlagartig den Westexport zum Erliegen, weil nun Material und Lohn in West-Mark bezahlt werden mussten. Die ostdeutsche Wirtschaft war aber zumal in den letzten 20 Jahren technologisch dermaßen in Rückstand geraten, dass die ostdeutsche Arbeitsproduktivität von den östlichen Wirtschaftsfunktionären auf 60 Prozent, von westdeutschen Fachleuten auf 30 Prozent der westdeutschen geschätzt wurde.

Unmittelbar nach dem Vollzug der staatlichen Einheit kam es dann zu einem wohl beispiellosen Zusammenbruch der DDR-Wirtschaft. In den östlichen Nachbarstaaten konnte ein so plötzlicher Einbruch vermieden werden, weil die einheimischen Waren eine Zeit lang durch Zollgrenzen geschützt werden konnten. Und der Übergang zur konvertiblen Währung konnte flexibel gestaltet werden. Der Vergleich zeigt aber, dass auch für diese Länder der Ausstieg aus der Planwirtschaft mit erheblichen Schmerzen verbunden war.

Also: Der ökonomische Teil der deutschen Einheit wäre nicht so geplant worden, wie er abgelaufen ist. Da die Geschichte nicht nach Lehrbuch verlief, waren die Ökonomielehrbücher damals auch keine brauchbaren Ratgeber. Auch im Nachhinein erscheinen aber die ökonomischen Grundentscheidungen von damals immer noch plausibel. Andere Entscheidungen hätten jedenfalls andere, wohl schwerer wiegende Nachteile gebracht.

3. Es hat viele überrascht, dass die SED im Herbst 1989 die Macht fast kampflos abgegeben hat. Zwar sollten wir nicht vergessen, dass das Regime bis zum 9. Oktober 1989 brutal gegen Demonstranten vorgegangen ist. Und für die Leipziger Montagsdemonstration am 9. Oktober waren beachtliche Sicherheitskräfte zusammengezogen worden, um diese Demonstration niederzuschlagen. Es kam aber nicht zum Einsatzbefehl, weil viel mehr Demonstranten gekommen waren, als erwartet. Des-

halb wurde Rückzug mit Eigensicherung angeordnet. Von da ab verlief die Revolution friedlich. Warum?

Ich sehe vier Gründe:

Das SED-Regime existierte immer von Moskaus Gnaden. Nachdem Michael Gorbatschow erklärt hatte, die sowjetischen Streitkräfte würden nicht mehr in innenpolitische Auseinandersetzungen der sozialistischen Staaten eingreifen, verlor die SED ihren letzten Retter in Gefahr.

Die Opposition, die sich in der DDR unter dem Dach der Evangelischen Kirche formiert hatte, widersprach dem Feindbild der SED so vollständig, dass sie davon verwirrt wurde. Im Sommer haben Sicherheitskräfte Manöver veranstaltet unter der Vorgabe: Kirchliche Kreise besetzen das Rathaus. Die Kommunisten konnten sich Revolution nur so vorstellen, wie sie sie gemacht hätten. In einem Film sagt ein Sicherheitsoffizier am Ende resigniert: Auf alles waren wir vorbereitet, bloß nicht auf Kerzen und Gebete.

Die SED-Diktatur hatte Beißhemmungen entwickelt, weil sie abhängig geworden war von der öffentlichen Meinung im Westen. Sie brauchte nämlich fortwährend hohe Kredite in Devisen, denn sie hatte sich bei westlichen Banken hoffnungslos verschuldet. Der jährliche Schuldendienst in Devisen lag 1989 bei 150 Prozent der jährlichen Deviseneinnahmen. Diese ließen sich aber wegen fehlender geeigneter Güter nicht mehr steigern. In einem Geheimgutachten des Planungsschefs Gerhard Schürer vom 31.10.89 heißt es deshalb, man brauche einen zusätzlichen Kredit von 25 Mrd. West-Mark. Als Gegenleistung biete er an, dass das gegenwärtige Grenzregime bis zum Jahr 2000 überflüssig wird und die Olympiade dieses Jahres in Ost- und Westberlin gleichzeitig stattfinden könne. So haben denn auch wichtige SED-Funktionäre, darunter der Ministerpräsident Modrow, nach der Maueröffnung beklagt, dass für fast hundert zusätzliche Grenzübergänge der Westen keine einzige Westmark gezahlt habe. Zu dieser hohen Verschuldung war es deshalb gekommen, weil die DDR Westgeld für konsumtive Zwecke, namentlich für Südfrüchte, ausgegeben hat. Die pure Not der Bevölkerung bringt eine Diktatur nicht zum Einsturz. Das konnten wir an Rumänien unter Ceauşescu studieren. Auch die nackte Gewaltanwendung gegen die Bevölkerung bringt eine Diktatur nicht zum Einsturz. Das konnten wir in China auf dem Platz des Himmlischen Friedens studieren. Eine Diktatur entwickelt erst dann Beißhemmungen, wenn sie auf ihren Ruf außerhalb ihrer Grenzen Rücksicht nehmen muss, und dies ganz besonders, wenn sie Geldgeber braucht.

Vierter Grund: die Gerontokratie. Die Wirtschaftsfunktionäre der SED haben vergeblich versucht, dem Staats- und Parteichef Honecker die brisante Lage in Devisen zu verdeutlichen. Dieser hat entsprechende Unterlagen an das zuständige Politbüromitglied Günter Mittag weitergeleitet, und der befand sich aus Krankheitsgründen noch schlimmer als Honecker im Zustand der Realitätsverweigerung.

IV.

Das erfreulichste *Ergebnis der Wiedervereinigung* ist
dies: Es gibt in Europa hier und da separatistische
Tendenzen, bloß nicht in Deutschland. Im Jahre
2000 hat ein Italiener bemerkt: »Die deutsche Einigung ist weiter fortgeschritten als die italienische.«
Zweitens nenne ich die ostdeutsche Infrastruktur,
das Gesicht der Städte, die Bausubstanz. Aber die Arbeitslosigkeit ist doch im Osten fast doppelt so hoch
wie im Westen. Das stimmt zwar. Die Beschäftigungs-
quote ist aber in vielen ostdeutschen Ländern höher
als in manchen westlichen Ländern, d. h. die Nachfrage nach Arbeitsplätzen ist im Osten höher als im
Westen. Die Einkommen sind im Osten niedriger als
im Westen. Das stimmt zwar, aber die Einkommen
im westlichen Norden sind auch niedriger als die im
westlichen Süden. Die Ost-West-Unterschiede gleichen sich den Nord-Süd-Unterschieden an. Es gibt
nach wie vor wirtschaftliche Defizite im Osten, nämlich keine Großbetriebe, keine einzige Konzernzen-
trale, wenig Industrieforschung. Das alles war aber
noch nie in Deutschlands Geschichte gleichmäßig
übers Land verteilt.

V.

Es gibt Einigungsprobleme, aber es gibt keine Einigungsskandale.

Hier nenne ich an erster Stelle die Entvölkerung und Überalterung im Osten, zumal auf dem Lande. Der Bevölkerungsrückgang hat zwei Ursachen, nämlich Abwanderung in die südlichen Boomregionen und den enormen Geburtenrückgang im Osten in den Jahren der Unsicherheit nach 1990. Die DDR war als Schmiede des Ostblocks überindustrialisiert. Und die Landwirtschaft braucht heute nur noch 30 Prozent der Arbeitskräfte, die die LPGs (russisch Kolchosen) für dieselben Erträge brauchte. Das ist hart für die Betroffenen, aber unvermeidlich.

Ein großes Ärgernis sehe ich darin, dass viele Ostdeutsche den Zusammenbruch der DDR-Wirtschaft nicht der verfehlten Wirtschaftspolitik der SED anlasten, sondern der Bundesregierung und der Treuhandanstalt. Das liegt wohl vor allem daran, dass die Massenentlassungen und Betriebsschließungen tatsächlich erst nach der deutschen Einheit, im Jahre 1991, erfolgten.

Nach wie vor erklären viele Ostdeutsche, sie fühlten sich als Bürger zweiter Klasse. Dieser Minderwertigkeitskomplex mag dadurch befördert worden sein, dass in Regierung, Verwaltung, Justiz und Wirtschaft die ersten Positionen zumeist mit Westdeutschen besetzt wurden, weil die sich auskannten. Dieser Minderwertigkeitskomplex ist aber älter als die deutsche

Einheit. Sehr viele DDR-Bürger haben sich schon zu DDR-Zeiten als benachteiligt empfunden gegenüber den Westdeutschen. Sie verglichen Ostautos mit Westautos und Ostmark mit Westmark.

Es gibt im Osten DDR-Nostalgie, d. h. eine Verklärung der Lebensverhältnisse in der DDR. »Es war nicht alles schlecht in der DDR«, hört man öfters. Das ist ja auch richtig. Familienglück, Berufserfolg, ein schöner Urlaub und treue Freunde, das alles war auch in der DDR selbstverständlich nicht schlecht. Aber die Unfreiheit und das ineffektive Wirtschaftssystem, die waren einfach schlecht. Wenn heute jemand sagt, mit dem Staatssicherheitsdienst der DDR hatte ich nie Probleme, so mag das ja stimmen. Er sollte aber heute damit lieber nicht prahlen.

Und wie haben sich vierzig Jahre kommunistischer Indoktrination ausgewirkt? Ich kann sagen: geringer als ich befürchtet hatte. Die grundlegenden moralischen Orientierungen werden ohnehin nicht durch den Staat, sondern durch die Familie vermittelt. Die Moral der Nahbeziehungen aber ist weltweit gleich. Wenn jemand seinen Bruder betrügt und seinen Freund verrät, glaubt ihm weltweit niemand die Ausrede: Ich wusste nicht, dass man das nicht tun darf. Allerdings war die Kategorie des Klassenfeindes darauf angelegt, diese elementaren menschlichen Maßstäbe zu relativieren. Es ist aber jedermann zumutbar, sich dafür wenigstens nachträglich zu schämen.

Das Thema »Vergangenheitsbewältigung« ist wohl beim Ausstieg aus einer Diktatur das schwierigste. Ich will dazu nur weniges sagen. Wenn anders die Freiheit nicht gewonnen werden kann, ist wohl auch die Amnestie der Verbrechen unter der Diktatur kein zu hoher Preis. Aber dass die Opfer über das, was sie erlebt haben, schweigen müssen, das ist unzumutbar. Auch wenn die Täter straffrei ausgehen, dürfen sie nicht auch noch verlangen, dass ihre Taten unerwähnt bleiben. Im Johannesevangelium steht der Satz: »Die Wahrheit wird euch frei machen.«

Epilog
Von Ditmar Gasse

Wolfgang Schäuble bin ich zum ersten Mal 1976 begegnet. Er, der junge CDU-Bundestagsabgeordnete der Ortenau, zog in diesem Jahr mit seiner Familie nach Gengenbach, wo ich einige Jahre zuvor meine erste Pfarrstelle angetreten hatte. Es fiel im badischen Städtchen und in der evangelischen Gemeinde alsbald auf, dass er nicht selten den Gottesdienst besuchte. So wechselten wir auch die ersten Worte bei der üblichen Verabschiedung der Kirchenbesucher am Ausgang des Gotteshauses.

Als ich Monate später meinen ersten Besuch im schönen, an einem Berghang gelegenen Hause Schäuble machte, wurde ich herzlich, aber nicht ohne Kritik empfangen. Er habe meinen Besuch, so der Hausherr, eigentlich zu einem früheren Zeitpunkt erwartet, denn die Kirche müsse sich doch um ihre »Schäflein« kümmern. Da der Tadel im mildernden Badisch und mit einem lächelnden Augenzwinkern vorgetragen wurde, waren Ausreden bzw. Entschuldigungen meinerseits nicht nötig. Im Gegenteil: Auf diese erste Begegnung, an der seine Frau Ingeborg und teilweise auch die hin und wieder im Wohnzimmer auftauchenden Kinder teilnahmen, folgten viele andere, und so sind wir im Laufe der Jahre Freunde geworden. Es ist eine Freundschaft, die wachsen konnte und die relativ lange beim »Sie« blieb und in der es doch von Anfang an ein Vertrauen gab, das einem »Du« entsprach.

Schon beim ersten Besuch gewann ich Eindrücke, die sich später verstärkten und bestätigten. Ein wichtiger: Wolfgang Schäuble ist es ernst mit seinem Glauben, mit seinem Christsein. Es hat ihn geschmerzt, dass Teile seiner Kirche ihm anfangs diese Grundhaltung nicht abnahmen. Ich habe kirchliche, politisch aufgeheizte Veranstaltungen erlebt, vor allem in den heißen 1970er und 1980er Jahren, bei denen man ihm sein aufrichtiges Ringen, als Christ seiner politischen Verantwortung gerecht zu werden, glatt absprach. Dass sich dieses Bild zwischenzeitlich weitgehend gewandelt hat und er ein gefragter Redner und Gastprediger bei kirchlichen Groß- und Lokalereignissen, wie erst kürzlich wieder im Rahmen einer Predigtreihe zum Thema »Suchet der Stadt Bestes« in Gengenbach, geworden ist, steht auf einem anderen Blatt.

Wie sympathisch normal und unkompliziert es in der Familie Schäuble zuging und wie wenig schwer es war, wechselseitig sich zu öffnen, das war mein zweiter, bleibender Eindruck der ersten Begegnung. Wir fanden gleich zu einem guten Gespräch. Nach meiner Erinnerung fragte er mehr als ich. Bei seiner Vita, aufgewachsen im vom Krieg weitgehend verschonten und an der südwestlichen Peripherie Deutschlands gelegenen Baden, interessierte ihn alles – und es interessierte ihn spürbar –, was ein Mensch seiner Generation, der seine Kindheit und Jugend in der DDR verbracht und folglich auch seine gesamte Ausbildung dort absolviert hatte, über diese Zeit zu sagen hatte. Wenige Menschen in der Bundesrepublik haben nach unserer Übersiedlung so gezielt und anteilnehmend nachgefragt wie Wolfgang Schäuble und seine Frau.

Ich denke, dass dies ein bestimmender Zug seines Wesens ist: das echte Bemühen, sich seinem Gegenüber ganz zuzuwenden, konzentriert zuzuhören und das Vermögen, bei unterschiedlichen Meinungen auch das Wahrheitsmoment in der Position des anderen zu erkennen.

Wolfgang Schäuble ist also ein guter Zuhörer. Wenn man ihn lässt, kann er aber auch ausgiebig dozieren. Mir bleibt unvergesslich, wie er nach einem gemeinsamen privaten DDR-Besuch in Thüringen Anfang der 1980er Jahre, angeregt durch das dort Erlebte und vielleicht auch, um seine Eindrücke zu ordnen, auf der langen Rückfahrt in seinem PKW zu einem weitgespannten Vortrag ausholte, mit tiefgehenden europa- und deutschlandpolitischen Reflexionen und auch mit Visionen, was mit unserem alten und geteilten Kontinent noch werden könnte. Erwähnenswert in diesem Zusammenhang, mit welcher Achtung er über die Ostpolitik Brandts sprach. Für mich eine seiner beeindruckendsten Reden, gerichtet nur an seine Frau, an mich und vielleicht an sich selbst. Ihn hier nicht unterbrochen zu haben, habe ich nicht bereut.

Er besitzt eben eine anima naturaliter politica, dachte ich. Er ist für die Politik geboren.

Unsere Begegnungen waren bis zum Oktober 1990 unbeschwert und fröhlich, was kontroverse und leidenschaftliche »Debatten« durchaus nicht ausschloss. Packte er seine Pfeife aus und stopfte sie genüsslich, wussten wir: Jetzt nimmt er Fahrt auf. Und ihn dann zu bremsen, war gar nicht so einfach. Das tat meistens seine Frau.

Die Schüsse von Oppenau in der heimatlichen Ortenau fielen am 12. Oktober 1990. Wenige Tage später besuchte ich ihn, selbst aufgewühlt und bangen Herzens, in der Klinik in Freiburg. Von seinem verletzten und verbundenen Gesicht war nicht viel zu sehen, aber seine Augen: Da lag alles drin, was menschliche Augen in einer solch extremen Grenzsituation spiegeln können. Ich blieb nicht lange. Wir beteten. An Psalm 23 erinnere ich mich. Ob mein Gedanke, dass auch behindertes Leben von Gott geliebtes Leben ist, ihn erreicht hat, weiß ich nicht.

Niemand wusste in jenen – und auch späteren – Tagen, wie es weitergehen würde mit ihm. Die medizinischen Prognosen waren unterschiedlich. Es gab durchaus auch solche, die die Hoffnung auf ein Leben außerhalb des Rollstuhls nährten. Als diese sich zerschlugen, begann der lange und schwere Weg, sich in die gegebene Situation einzufinden. »Ich komme zurecht«, war die oft gehörte Antwort, wenn man sich nach seinem Ergehen erkundigte. Was sich dahinter – in der Tiefe seiner Existenz – an Fragen und Gefühlen, an Widerstand und Ergebung verborgen haben mag, kann nur erahnt werden. Wir haben erst später darüber gesprochen.

Wenngleich Wolfgang Schäuble in der Folgezeit erstaunlich rasch und offensiv sein neues Leben annahm (wer erinnert sich nicht an die Fernsehbilder aus der Reha mit dem Minister im Trainingsdress?), gibt es natürlich seit dem Attentat immer ein »Davor« und ein »Danach«. Vieles, was vorher war, geht nicht mehr; vieles, was danach kam, musste erst einmal ausgehalten werden. Dass er, der Bewegungsmensch, seine sportliche Leidenschaft (Fußball, Tennis, Skifahren) nicht mehr ausleben konnte, war besonders schmerzlich für ihn. Gott sei Dank sind Fahrradtouren im Freundeskreis bald möglich geworden, und Wolfgang Schäuble im Handbike, auf erstaunlich langen Strecken zügig unterwegs, hier in der Ortenau und auch im benachbarten Elsass, auf den Routen dort den Kanälen entlang, ist ein vielen Menschen durchaus vertrautes Bild.

Aus meiner Sicht ist mehr als bemerkenswert – ja, ich sage es mit einem Hauch von Bewunderung-, wie er sein zweites Leben, die mehr als zwei Jahrzehnte im Rollstuhl, bei riesigem Arbeitspensum und erheblichen gesundheitlichen Rückschlägen, bewältigt. »Beweihräucherung« (deshalb meidet er nach Möglichkeit Verabschiedungen) mag er nicht, und deswegen belasse ich es bei diesem Satz.

Seiner Leidenschaft für Kunst und Kultur räumt er seit Oppenau noch mehr Zeit ein. Lesen ist ihm Lebenshilfe, ja Lebensgenuss. Er liest ständig. Seine literarischen Interessen sind weitgespannt. Ein Beispiel: 2010, nach seinem zuletzt gelesenen Buch befragt, nannte er so unterschiedliche Werke wie »Atemschaukel« von Herta Müller, »Too big to fail« von Andrew Sorkins und »Heimsuchung« von Jenny Erpenbeck. Und auch den regelmäßigen Besuch von Theateraufführungen und Konzerten braucht er, »um den Kopf freizuhalten« und im Lot zu bleiben. Aufs Ganze gesehen, hat er – wie früher – auch heute eine heitere Grundausstrahlung. Er hat seinen bisweilen sarkastischen Humor und seine Fröhlichkeit nicht verloren. Ohne seine Frau Ingeborg, ohne seine Familie wäre dies nicht möglich gewesen. Ohne sein Gottvertrauen, denke ich, auch nicht.

»Der fröhliche Sisyphos« heißt der Titel dieser Festgabe zum 70. Geburtstag von Wolfgang Schäuble. Wie der antike Sisyphos, schafft er unermüdlich. Da stimmt das Bild. Was die Fröhlichkeit betrifft, dürften der alte und unser Sisyphos sich schon weniger entsprechen. Und was die Vergeblichkeit des Schaffens betrifft, hinkt hier der Vergleich nicht gewaltig? Im Gegensatz zum griechischen Helden darf Wolfgang Schäuble von Grund auf für die Früchte seines Wirkens dankbar sein. Man sieht sie, und sie werden bleiben.

Was allerdings den Mut und die Kraft angeht, auch aus tiefsten Tälern heraus, persönlichen und politischen, wieder von vorne anzufangen und ein neues Werk zu beginnen, da ist der alte Sisyphos in der Tat ein großartiges Vor- und Abbild für Wolfgang Schäuble, den fröhlichen Sisyphos von heute.

Über die Herausgeber

Bruno Kahl

leitet die Abteilung »Privatisierungen, Beteiligungen und Bundesimmobilien« im Bundesministerium der Finanzen. Er begleitete Wolfgang Schäuble von 1996 bis 2010 in dessen Ämtern als Fraktionsvorsitzender, Innenminister und Finanzminister zunächst als Referent, Büroleiter, später auch als Sprecher und Stabsleiter. Dabei kamen ihm seine juristische wie seine (studienbegleitende) journalistische Ausbildung zugute. Erste berufliche Stationen waren die Arbeitgeber-Bundesvereinigung und das Bundeskanzleramt.

Markus Kerber

ist seit 2011 Hauptgeschäftsführer und Mitglied des Präsidiums des BDI in Berlin. Von 2006 bis 2011 war er politischer Beamter im Bundesfinanz- und im Bundesinnenministerium; von 1992 bis 2005 Manager und Unternehmer in Privatwirtschaft bei GFT Technologies, Deutsche Bank und S.G. Warburg. Er studierte Wirtschaftswissenschaften in Hohenheim und Los Angeles und war Stipendiat der Volkswagen-Stiftung.

Nils Ole Oermann

ist Professor für Ethik an der Leuphana Universität Lüneburg und seit 2007 Direktor des Forschungsbereichs »Religion, Politics and Economics« der Humboldt Universität zu

Berlin. Seit 2002 hat er für und mit Wolfgang Schäuble gearbeitet u. a. im Bereich Außen- und Europapolitik, im Bundesministerium des Innern mit Schwerpunkt Islamkonferenz
und aktuell im Bundesministerium der Finanzen im Bereich
Grundsatzfragen. Der in Oxford promovierte Historiker,
Theologe und Jurist war von 2004–2007 der Persönliche Referent von Bundespräsident Köhler und ist ordinierter Pfarrer im Ehrenamt in seiner altmärkischen Heimatgemeinde.

Johannes Zachhuber
lehrt Theologie an der Universität Oxford. Zuvor war er an
der Humboldt Universität zu Berlin Assistent bei Richard
Schröder und Juniorprofessor für Philosophische Theologie.
Seit 2005 hat er als Redenschreiber und Berater zu ethischen,
gesellschaftspolitischen und anderen Themen für und mit
Wolfgang Schäuble gearbeitet.

Über die Autoren und Autorinnen

Günther Beckstein

war von 2007–2008 Bayerischer Ministerpräsident. Der promovierte Jurist war zuvor Vorsitzender des Sicherheitsausschusses des Bayerischen Landtags (1978–1988) und Staatssekretär (1988–1993) sowie Staatsminister (1993–2007) im Bayerischen Staatsministerium des Innern. Von 2001–2007 war er stellvertretender Ministerpräsident des Freistaats Bayern.

Michael Chertoff

war von 2004–2009 Minister des U.S. Department of Homeland Security. Er war Bundesrichter am US-Appellationsgericht (US Court of Appeals for the Third Circuit) und stellvertretender Minister im US-Justizministerium. Er ist Mitbegründer und geschäftsführender Direktor der Chertoff Group, einer global operierenden Sicherheitsberaterfirma mit Hauptsitz in Washington D.C. und Büros in London, New York und San Francisco.

Ditmar Gasse

war nach Übersiedelung in die Bundesrepublik u. a. in Gengenbach Pfarrer und Dekan in der badischen Landeskirche. Er befindet sich jetzt im Ruhestand.

August Hanning
war von 2005–2009 Staatssekretär im Innenministerium.
Zudem war er von 1986–1990 verantwortlich für den innerdeutschen Reiseverkehr und Geheimschutzbeauftragter in
der Ständigen Vertretung der Bundesrepublik Deutschland
in Ost-Berlin. Von 1990–1994 leitete er u. a. das Referat
für Umwelt, Naturschutz und Reaktorsicherheit im Bundeskanzleramt und war von 1996–1998 als Abteilungsleiter verantwortlich für die Dienstaufsicht über den Bundesnachrich-
tendienst und die Koordinierung der Nachrichtendienste des
Bundes.

Jean-Claude Juncker
ist Premierminister und Staatsminister sowie Schatzminister
des Großherzogtums Luxemburg. 2005 wurde er zum ersten
Vorsitzenden der Euro-Gruppe gewählt. Am 20. Januar 1995
wurde er zum Premierminister und Staatsminister ernannt.
Von 1989–1995 war er Gouverneur der Weltbank. Seither
ist er Gouverneur des Internationalen Währungsfonds (IWF)
sowie Gouverneur der Europäischen Bank für Wiederaufbau
und Entwicklung (EBWE).

Henry A. Kissinger
war von 1973–1977 Außenminister der USA. 1973 erhielt er
für seine Vermittlerrolle im Vietnamkrieg den Friedensnobel-
preis. Zuvor lehrte er bis 1969 an der Universität Harvard
und war von 1969–1975 Leiter des Nationalen Sicherheits-
rats. 1977 schied er aus der aktiven Politik aus. 1982 gründe-
te er die Beratungsfirma Kissinger Associates, deren Vor-
standsvorsitzender er ist. Er ist Mitglied im Council on
Foreign Relations und regelmäßiger Teilnehmer der Bilder-
berg-Konferenzen. Seit 1996 gehört er dem wissenschaftlichen Beirat der Otto-von-Bismarck-Stiftung an und ist Mitglied mehrerer Aufsichtsräte.

Christine Lagarde

ist seit Juli 2011 geschäftsführende Direktorin des Internationalen Währungsfonds (IWF). Zuvor war sie von 2005–2007 beigeordnete Ministerin für Außenhandel und anschließend kurzzeitig Ministerin für Landwirtschaft und Fischerei. Von 2007–2011 war sie als Ministerin für Wirtschaft und Finanzen tätig. Von 1995–2002 war sie darüber hinaus Mitglied des Thinktank Center for Strategic and International Studies (CSIS).

Karl Lamers

war von 1980–2002 Mitglied des Deutschen Bundestages. Er war Vorsitzender der Arbeitsgruppe Außenpolitik und von 1990–2002 außenpolitischer Sprecher der CDU-Bundestagsfraktion sowie Obmann im Auswärtigen Ausschuss. Von 2000–2002 war er Vizepräsident der Europäischen Volkspartei (EVP). 2006 wurde der Jurist und Politikwissenschaftler zum Vorsitzenden der Stiftung Umwelt und Entwicklung Nordrhein-Westfalen gewählt.

Karl Kardinal Lehmann

Dr. phil., Dr. theol., Dr. h.c. mult., seit 1983 Bischof von Mainz und von 1987–2008 Vorsitzender der Deutschen Bischofskonferenz; Honorarprofessor für Dogmatik und Ökumenische Theologie an der Theologischen Fakultät der Albert-Ludwigs-Universität Freiburg i.Br. und am Fachbereich Kath. Theologie der Johannes-Gutenberg-Universität Mainz. 2001 wurde er von Papst Johannes Paul II. zum Kardinal erhoben.

Lothar de Maizière

wirkte von 1989–1991 als deutscher Politiker (CDU). Er wurde insbesondere durch seinen Beitrag zur deutschen Wiedervereinigung bekannt. 1990 war er der erste und zugleich letzte demokratisch gewählte Ministerpräsident der Deutschen Demokratischen Republik. 1990–1991 war er Bundesminister für besondere Aufgaben und Stellvertretender Parteivorsitzender der Bundes-CDU. Seit seinem Rückzug aus der Politik ist er als Rechtsanwalt tätig. Darüber hinaus ist er Vorsitzender des Lenkungsausschusses des Petersburger Dialogs und Geschäftsführer des EUREF Institutes.

Angela Merkel

ist seit November 2005 Bundeskanzlerin der Bundesrepublik Deutschland. 1990 wurde sie Mitglied der CDU Deutschlands und erstmals in den Deutschen Bundestag gewählt. Von 1991–1994 war die promovierte Physikerin Bundesministerin für Frauen und Jugend und von 1994–1998 Bundesministerin für Umwelt, Naturschutz und Reaktorsicherheit. 1998 wurde sie Generalsekretärin der CDU Deutschlands, seit 2000 ist sie deren Vorsitzende.

Friedrich Merz

war von 2000–2002 Vorsitzender und von 1998–2000 sowie von 2002–2004 stellvertretender Vorsitzender der CDU/CSU-Bundestagsfraktion. Der Jurist war zuvor von 1996–1998 Obmann der CDU/CSU-Bundestagsfraktion im Finanzausschuss des Deutschen Bundestages. Er ist Partner einer internationalen Rechtsanwaltskanzlei mit Sitz in Düsseldorf und Mitglied mehrerer Aufsichtsräte.

Günther Nonnenmacher

ist Journalist und Mitherausgeber der »Frankfurter Allgemeinen Zeitung« (FAZ). Der habilitierte Politikwissenschaftler trat 1982 in die politische Redaktion der Frankfurter Allgemeinen Zeitung ein, 1986 wurde er dort verantwortlich für

Außenpolitik. Seit 1994 ist er einer der fünf Herausgeber. Er ist zudem Honorarprofessor für Politik- und Kommunikationswissenschaft an der Universität Leipzig.

Thomas Schmid

ist Journalist und Herausgeber der Tageszeitung »Die Welt«. Er war in der Studentenbewegung aktiv, später zunächst als Lektor tätig (1979–1986) und schrieb als freier Autor für diverse Zeitungen. Hauptberuflich journalistisch tätig wurde er 1993. Stationen seiner journalistischen Laufbahn waren u. a. die »Wochenpost« sowie die »Frankfurter Allgemeine Sonntagszeitung«. Seit 2008 ist er Chefredakteur der »Welt«-Gruppe, Ende 2009 wurde er zum Herausgeber der »Welt«-Gruppe des Springer-Verlags ernannt.

Richard Schröder

ist Philosoph und evangelischer Theologe. Er war 1990 Fraktionsvorsitzender der SPD in der frei gewählten Volkskammer der DDR und danach Mitglied des Deutschen Bundestags. Seit 1991 Lehrtätigkeit an der Theologischen Fakultät der Humboldt Universität Berlin, 1993 Berufung zum Professor daselbst für Philosophie in Verbindung mit der Systematischen Theologie. 1993–2009 war er Verfassungsrichter des Landes Brandenburg. 2001–2009 gehörte er dem Nationalen Ethikrat an. Er ist Vorsitzender des Vorstands der Deutschen Nationalstiftung, des Beirats beim Bundesbeauftragten für die Stasi-Unterlagen und des Fördervereins Berliner Schloss.